t r a n s
p o s i t i o n e n

Alain Badiou

Paulus

Die Begründung des Universalismus

Aus dem Französischen von
Heinz Jatho

diaphanes

Titel des französischen Originals:
Saint Paul – La fondation de l'universalisme

ISBN 978-3-0358-0143-9

Satz und Layout: 2edit, Zürich
Druck: Steinmeier, Deiningen

www.diaphanes.net

Inhalt

Vorwort

Ein eigenartiges Unternehmen. Diese Figur begleitet mich schon lang – mit anderen, wie Mallarmé, Cantor, Archimedes, Platon, Robespierre, Conrad … (um von unserem Jahrhundert nicht zu reden). Ich habe vor fünfzehn Jahren ein Stück geschrieben; es hieß *L'Incident d'Antioche*, und die Heldin hieß Paule. Die Geschlechtsumwandlung hat wohl eine allzu klare Identifizierung verhindert. Tatsächlich ist Paulus für mich kein Apostel oder ein Heiliger. Mir geht es nur um die Botschaft, für die er steht, oder die Verehrung, die man ihm widmete. Aber er ist eine subjektive Figur von allererster Wichtigkeit. Ich habe seine Briefe immer gelesen, wie man sich mit gut vertrauten, klassischen Texten beschäftigt, mit Texten, in denen die Straßen gebahnt und die Details nicht mehr wichtig sind, aber deren Kraft intakt ist. Für mich gibt es hier keinerlei Transzendenz, nichts Heiliges; sein Werk steht mit jedem anderen, das mich persönlich berührt, ganz und gar auf einer Stufe. Einst hat ein Mann mit Härte diese Sätze geschrieben, diese heftigen und zartfühlenden Appelle, und uns steht es offen, frei daraus zu schöpfen, wobei wir weder zu Andacht noch zu Abscheu Anlass haben. Und was mich betrifft, so bin ich, der von Hause aus areligiös ist, ja sogar, von seiten seiner vier Großeltern, die alle Lehrer waren, eher im Geist des *Écrasez l'infâme* erzogen wurde, überdies erst spät auf die Paulusbriefe gestoßen – jene seltsamen Texte mit ihrer erstaunlichen Poetik.

Ich habe Paulus im Grunde nie mit der Religion verbunden. Es war nicht dieses Register oder der Wille, für irgendeinen Glauben oder auch nur Gegenglauben Zeugnis abzulegen, was mein anhaltendes Interesse bestimmte, sowenig wie ich mich mit Pascal, Kierkegaard oder Claudel wegen des explizit Christlichen ihrer Botschaft eingelassen habe. Der Kessel, in dem kocht, was einmal ein Werk der Kunst oder des Denkens sein wird, ist grundsätzlich immer randvoll mit unnennbaren Unreinheiten – mit Obsessionen, Glaubenssätzen, kindlichen Verirrungen, diversen Perversionen, nicht mitteilbaren Erinnerungen, allen möglichen Lektüren und dazu nicht wenigen Eseleien und Chimären. Es führt nicht weit, dieser Chemie nachzugehen.

Paulus ist für mich ein dichterischer Denker des Ereignisses und zugleich der, welcher in seiner Aussage wie in seinem Tun die bleibenden Züge jener Figur zeigt, die man den *militant* oder Kämpfer nennen könnte. An ihm tritt eine Verbindung zutage, die durch und durch menschlich ist und deren Schicksal mich fasziniert: die nämlich, die zwischen der generellen Idee eines Bruchs, eines Umsturzes, und der einer Praxis und eines Denkens besteht, welches die subjektive Materialität dieses Bruchs darstellt.

Wenn ich heute auf ein paar Seiten die Einzigartigkeit dieser Verbindung bei Paulus nachzeichnen will, dann sicherlich deshalb, weil gegenwärtig überall – und sei es nur, um ihre Möglichkeit überhaupt zu bestreiten – die Suche nach einer neuen militanten Figur zu spüren ist, einer Figur, die berufen wäre, derjenigen nachzufolgen, die am Beginn des Jahrhunderts Lenin und die Bolschewisten verkörpert haben und die man als den Kämpfer im Dienst der Partei ansehen kann.

Wenn ein Schritt nach vorn an der Tagesordnung ist, kann unter Umständen auch der größte Schritt zurück von Nutzen sein. Daher diese Reaktivierung des Paulus. Ich bin nicht der erste, der diesen Vergleich riskiert, der aus ihm einen Lenin macht, dessen zweideutiger Marx Christus wäre.

Meine Intention ist, wie man sieht, weder historisch noch exegetisch. Sie ist von Anfang bis Ende subjektiv. Ich habe mich strikt an die von der modernen Kritik beglaubigten Texte gehalten sowie an meine gedankliche Beziehung zu diesen Texten.

Das von mir benutzte griechische Original ist die kritische Ausgabe des *Novum Testamentum* Graece von Nestle-Aland, Deutsche Bibelgesellschaft, 1993.

Der französische Text, dem ich im wesentlichen gefolgt bin, ist der von Louis Segond, *Le Nouveau Testament*, Trinitarian Bible Society, 1993. (A. d. Ü.: Der deutschen Übersetzung liegt der Text der revidierten Luther-Übersetzung zugrunde, Württembergische Bibelgesellschaft, Stuttgart, 1964.)

Die Briefe werden nach der traditionellen Einteilung in Kapitel und Verse zitiert. Demnach heißt Röm. 1, 25: Brief an die Römer, Kapitel 1, Vers 25. Gal. heißt Brief an die Galater, mit 1. Kor. und 2. Kor. sind die zwei Briefe an die Korinther gemeint, mit Phil.

der an die Philipper, mit 1. Thess. der erste Brief an die Thessalonicher.

Für den, der auf eigene Faust fortfahren will, möchte ich – aus der ungeheuren Bibliographie zum Thema – zumindest auf zwei Werke verweisen:

- auf den handfesten kleinen Band von Stanislas Breton, *Saint Paul*, Presses Universitaires de France, 1988.
- auf das Buch von Günther Bornkamm, *Paulus*, Stuttgart, Kohlhammer, 1974 (4. Aufl.).

Ein Katholik und ein Protestant. Mögen sie, gemeinsam mit dem Atheisten, eine Triangulation leisten.

Kapitel I

Paulus der Zeitgenosse

Warum Paulus? Warum auf diesen »Apostel« zurückgreifen, der, als offenkundig selbsternannter, doppelt suspekt ist und dessen Name gewöhnlich mit den institutionellsten, den am wenigsten offenen Dimensionen des Christentums verbunden wird: der Amtskirche, der disziplinären Moral, dem moralischen Konservativismus, der Verdächtigung der Juden? Wie diesen Namen einschreiben in unser Unternehmen, wenn es in dem Versuch besteht, eine Theorie des Subjekts neu zu begründen, die seine Existenz der aleatorischen Dimension des Ereignisses als der reinen Kontingenz des Seins als mannigfaltigem unterordnet, ohne das Wahrheitsmotiv dabei zu opfern?

Auch wird man fragen, welchen Gebrauch wir von der Apparatur des christlichen Glaubens, von der die Person und die Texte des Paulus abzulösen schlechthin unmöglich scheint, zu machen gedenken. Warum sich auf diese Fabel berufen, warum sie analysieren? Denn – damit die Sache klar ist – genau um eine solche handelt es sich für uns. Und zwar ganz besonders im Fall des Paulus, von dem wir sehen werden, dass er, aus hochwichtigen Gründen, das Christentum auf eine einzige Aussage reduziert: Jesus ist auferstanden. Eben dieser Punkt aber ist es, der der Fabel angehört, denn an allem anderen, wie Geburt, Predigt und Tod, *kann* man letztlich festhalten. »Fabel« ist, was in einer Erzählung sich für uns mit keinem Realen berührt, es sei denn mit jenem unsichtbaren, nur indirekt zugänglichen Rest, der allem offenkundig Imaginären anhaftet. In dieser Hinsicht reduziert Paulus die christliche Erzählung auf den einzigen Punkt, an dem sie Fabel ist, mit der Gewalt dessen, der weiß, dass diesen Punkt für real zu halten, vom gesamten Imaginären an seinen Rändern dispensiert. Und wenn wir dabei sofort von Glaube sprechen können (aber der Glaube oder die *fides* oder das, was man unter dem Wort πίστις versteht, ist ja das ganze Problem des Paulus), dann sei gesagt, dass an die Auferstehung des Gekreuzigten zu glauben, uns rigoros unmöglich ist.

Paulus ist eine ferne Figur in dreifacher Hinsicht: was den historischen Ort, was seine Rolle als Gründer der Kirche und was die provokante Konzentration des Denkens auf das Moment der Fabel betrifft.

Wir sind eine Erklärung schuldig, warum wir eine philosophische Nähe in solcher Ferne suchen, warum die Unterwerfung des Realen unter die Fabel uns als Vermittlung dient, wenn es hier und jetzt darum geht, das Universale seiner reinen Weltlichkeit zurückzugeben.

Behilflich sein kann uns zweifellos, dass beispielsweise Hegel, Auguste Comte, Nietzsche, Freud, Heidegger und noch in unserer Zeit Jean-François Lyotard es gleichfalls für nötig gehalten haben, die Gestalt des Paulus zu untersuchen, um ihren eigenen spekulativen Diskurs zu organisieren, wobei sie übrigens stets gewissen extremen (gründenden oder regressiven, schicksalhaften oder vergesslichen, exemplarischen oder katastrophischen) Neigungen folgten.

Das, was uns am Werk des Paulus fesselt, ist eine einzigartige, formell von der Fabel ablösbare Verbindung, deren eigentlicher Erfinder Paulus ist: die Verbindung, die einen Übergang zwischen einer Aussage über das Subjekt und der Frage nach dem Gesetz herstellt. Es geht darum, dass Paulus ergründen will, welches Gesetz ein jeder Identität beraubtes Subjekt strukturieren kann, ein Subjekt, das von einem Ereignis abhängt, dessen einziger »Beweis« genau darin besteht, dass ein Subjekt sich zu ihm bekennt.

Das Wesentliche dieser paradoxen Verbindung zwischen einem Subjekt ohne Identität und einem Gesetz ohne Stütze besteht für uns darin, dass sie die geschichtliche Möglichkeit einer universalen Verkündigung begründet. Die unerhörte Geste des Paulus ist die, die Wahrheit jedem kommunitären Zugriff zu entziehen, mag es sich um ein Volk, eine Stadt, ein Reich, ein Territorium oder eine soziale Klasse handeln. Das, was wahr ist (oder gerecht, was in diesem Fall dasselbe ist), lässt sich auf keine objektive Menge zurückführen, weder nach seiner Ursache noch nach seiner Bestimmung.

Man wird einwenden, dass »Wahrheit« für uns hier eine bloße Fabel bezeichnet. Richtig, aber worauf es ankommt, ist die subjektive Geste in ihrer gründenden Macht hinsichtlich der generischen

Bedingungen der Universalität. Was zurückbleibt, wenn der fabelartige Inhalt wegfällt, ist die Form dieser Bedingungen und insbesondere die Unmöglichkeit irgendeiner Zuschreibung des Wahrheitsdiskurses an historisch bereits konstituierte Mengen.

Jeden Wahrheitsprozess unbarmherzig von der »kulturellen« Historizität, in der die gängige Meinung ihn auflösen will, zu trennen: dies ist die Operation, in der wir Paulus folgen.

Diese Geste neu zu denken, ihrem Zickzack nachzugehen, ihre Singularität und stiftende Kraft wieder lebendig zu machen, ist heute ganz bestimmt eine Notwendigkeit.

Denn was bestimmt unsere Aktualität eigentlich? Die fortschreitende Reduzierung der Wahrheitsfrage (mithin des Denkens) auf die sprachliche Form des Urteils – ein Punkt, in dem sich die angelsächsische analytische Ideologie und die hermeneutische Tradition einig sind (die analytisch-hermeneutische Doublette ist es, die die heutige akademische Philosophie blockiert) – führt zu einem kulturellen und historischen Relativismus, der heute gleichzeitig die öffentliche Meinung beschäftigt, eine »politische« Motivation liefert und den Wissenschaften vom Menschen einen Bezugsrahmen vorgibt. Die extremen Formen dieses Relativismus, die bereits am Werk sind, wollen selbst noch die Mathematik einer »okzidentalen« Menge zurechnen, dem man jedes beliebige obskurantistische oder in seiner Symbolik lachhafte Verfahren gleichwertig zur Seite stellen kann, vorausgesetzt, man kann die menschliche Teilmenge nennen, die es trägt, und man hat, besser noch, Grund zu glauben, dass diese Teilmenge aus Opfern besteht. Durch diese Kreuzung zwischen kulturalistischer Ideologie und der Auffassung vom Menschen als Opfer wird jedweder Zugang zum Universalen zunichte, weil dieses weder die Zuschreibung an eine Partikularität duldet, noch eine direkte Beziehung mit dem Status der *Orte* unterhält – sei es ein dominanter oder ein Opferstatus –, an denen die Äußerung auftritt.

Was ist das vereinigende Reale, das dieser Aufwertung der kulturellen Tugend von unterdrückten Teilmengen zugrunde liegt, diesem sprachlichen Lob von kommunitären Partikularismen (welche letztlich neben der Sprache immer auf die Rasse, die Nation, die Religion oder das Geschlecht verweisen)? Dieses Reale ist ganz offensichtlich die monetäre Abstraktion, deren falsche Universalität sich mit der kommunitaristischen Buntscheckigkeit ausgezeichnet verträgt. Der langen Erfahrung der kommunistischen Diktaturen dürfte das Verdienst zukommen, gezeigt zu haben, dass die finanzielle Globalisierung, die uneingeschränkte Herrschaft der leeren Universalität des Kapitals, nur einen einzigen wirklichen Feind hatte, nämlich ein anderes universales Projekt, auch wenn es missraten und blutig war; dass denen, die uneingeschränkt die liberalen Meriten des allgemeinen Äquivalents oder die demokratischen Tugenden der kommerziellen Kommunikation zu preisen gewillt waren, nur Lenin und Mao wirklich *Angst* einjagten. Der senile, für die sozialistischen Staaten paradigmatische Zusammenbruch der UdSSR hat die Angst vorerst beseitigt, hat die leere Abstraktion entfesselt, hat das Denken aller niedergezwungen. Und man wird die Verwüstung sicherlich nicht aufhalten, indem man auf das konkrete Universale der Wahrheiten verzichtet und statt dessen das Recht der rassischen, religiösen, nationalen oder sexuellen »Minoritäten« proklamiert. Nein, wir werden uns nicht damit abfinden, dass die Rechte des der Wahrheit verpflichteten Denkens keine andere Instanz kennen sollen als den Monetarismus des Freihandels und sein mediokres politisches Pendant, den kapitalistischen Parlamentarismus, der das Elend immer weniger mit dem schönen Wort »Demokratie« zudecken kann.

Das ist der Grund, warum Paulus, der selbst Zeitgenosse einer monumentalen Figur der Zerstörung jeder Politik war (der Anfänge jener militärischen Despotie namens »Römisches Reich«), für uns von höchstem Interesse ist. Er ist derjenige, der, indem er einen gewissen Zusammenhang des Universalen mit dem Subjekt und dem Gesetz herstellt, mit äußerster Strenge danach fragt, welcher Preis für diese Bestimmung zu entrichten ist, von seiten des Subjekts ebenso wie von seiten des Gesetzes. Genau diese Frage aber ist auch die unsere. Angenommen, es gelänge uns, den Zusammenhang zwischen Wahrheit und Subjekt neu zu begründen, welche Konsequenzen müsste man die Kraft haben zu ziehen, auf Seiten der Wahrheit (die ereignishaft und zufällig wäre) ebenso wie auf Seiten des Subjekts (das vereinzelt und heroisch wäre)?

Nur im Hinblick auf diese Frage kann die Philosophie ihrer temporalen Verfasstheit anders, als indem sie eine Vorrichtung zum Zudecken des Schlimmsten wird, genügen; kann sie sich anders, als indem sie sie in ihrer verkommenen Trägheit bestätigt, mit der Epoche messen.

Was ist – nehmen wir unser Land, nehmen wir, was mit unserem Staat geschieht – als durchgängige Tendenz in den letzten fünfzehn Jahren festzustellen? Von der im Zeichen des Liberalismus und Europas geschehenden ständigen Ausdehnung der Automatismen des Kapitals, einer Ausdehnung, die als solche, da sie das Gesetz des Weltmarkts ist, keine Besonderheit wäre, einmal abgesehen.

Leider können wir auf diese Frage nur antworten, dass sie in der unumkehrbaren Installation der Partei Le Pens besteht – eine echte nationale Besonderheit, für die ein Äquivalent zu finden, und das ist keine Empfehlung, man bis nach Österreich gehen muss. Und was ist die einzige Maxime dieser Partei? Die Maxime, der keine der parlamentarischen Parteien direkt entgegenzutreten wagt, so dass alle für die sich gnadenlos aus ihr ableitenden, immer schändlicheren Gesetze stimmen oder sie zumindest tolerieren? Diese Maxime ist »Frankreich den Franzosen«. Was, da es um den Staat geht, auf den paradoxen Namen verweist, den Pétain einer Marionettenregierung gegeben hat, die ein eifriger Diener der Nazi-Okkupation war: »État français«. Auf diese Weise lässt sich im Herzen des öffentlichen Raums die tödliche Frage nieder: Was ist ein Franzose? Jedermann weiß jedoch, dass es auf diese Frage keine Antwort gibt, die anders als durch die Verfolgung von Leuten, die willkürlich als Nichtfranzosen gekennzeichnet werden, zu beglaubigen wäre. Das einzige *politische* Reale des Worts »Franzose«, wenn es als gründende Kategorie im Staat gilt, ist die immer nachdrücklichere Durchführung erbitterter Diskriminierungsmaßnahmen, die auf Leute zielen, die hier sind oder hier zu leben versuchen. Und es ist besonders bemerkenswert, dass dieses verfolgende Reale der identitären Logik (das Gesetz ist nur gut *für die Franzosen*) die resignierten Parteigänger der kapitalistischen Verwüstung (die Verfolgung soll unvermeidlich sein, weil die Arbeitslosigkeit die Zuwanderung verbietet) und die einer ebenso phantomatischen wie exzeptionellen »französischen Republik« (die Fremden sind nur tolerierbar, wenn sie sich in das wunderbare Modell, das ihnen unsere reinen Institutionen, unsere bewundernswürdigen Erziehungs- und Repräsentationssysteme anbieten, »integrieren«) unter demselben Banner vereinigt – wie der traurige Fall der sogenannten »Kopftuch«-Affäre zeigt. Was beweist, dass, was das wirkliche Leben der Leute und das, was ihnen geschieht, angeht, zwischen der globalisierten Logik des Kapitals und dem französischen Identitätsfanatismus eine niederträchtige Komplizenschaft besteht.

Unter unseren Augen vollzieht sich die Kommunitarisierung des öffentlichen Raums, der Verzicht auf die transzendente Neutralität des Gesetzes. Der Staat hätte sich zunächst und auf Dauer der genealogischen, religiös und rassisch nachweisbaren Identität derer, die ihm anvertraut sind, zu versichern. Er wäre gehalten, zwei oder sogar drei getrennte Regionen des Gesetzes zu definieren, je nachdem, ob es sich um echte Franzosen, integrierte oder integrierbare Ausländer oder um als nicht integriert oder sogar nicht integrierbar geltende Ausländer handelt. Das Gesetz fiele damit unter die Kontrolle eines »nationalen« Modells, dem jedes reale Prinzip fehlt außer den Verfolgungen, zu denen es verpflichtet. Ist jedes universale Prinzip einmal verabschiedet, so müsste die identitäre Überprüfung, die immer nur polizeiliche Treibjagd ist, der Definition oder Anwendung des Gesetzes vorausgehen. Das heißt, dass jede Gesetzgebung, wie unter Pétain, wo die Juristen nichts dabei fanden, den Juden auf subtile Weise zum Prototyp des Nichtfranzosen zu erklären, von bestimmten identitären Protokollen begleitet sein müsste und Teilmengen der Bevölkerung jeweils durch ihren *speziellen Status* definiert wären. Das geht seinen Gang, die Regierungen leisten eine nach der anderen ihren kleinen Beitrag. Wir haben es mit einer schleichenden Pétainisierung des Staats zu tun.

Wie klar klingt demgegenüber das Wort des Paulus, ein Wort, das, wenn man die Regeln der antiken Welt kennt, im wahrsten Sinn unerhört ist: »Hier ist nicht Jude noch Grieche, hier ist nicht Knecht noch Freier, hier ist nicht Mann noch Weib« (Gal. 3, 28)! Und wie beherzigenswert ist für uns, wenn wir Gott durch diese oder jene Wahrheit und das Gute durch den Dienst, den es verlangt, ersetzen, die Maxime: »Preis aber und Ehre und Frieden allen denen, die da Gutes tun, vornehmlich den Juden und auch den Griechen. Denn es ist kein Ansehen der Person vor Gott.« (Röm. 2, 10f.)

Unsere Welt ist keineswegs so »komplex« wie diejenigen, denen es um ihre Perpetuierung geht, gern behaupten. In ihren großen Zügen ist sie sogar von vollendeter Simplizität.

Auf der einen Seite gibt es – in Erfüllung einer genialen Voraussage von Marx – eine ständige Ausweitung der Automatismen des Kapitals: die Welt ist endlich *gestaltet*, aber als Markt, als Weltmarkt. Auf dieser Gestaltung beruht die Vorherrschaft einer abstrakten Homogenisierung. Alles, was zirkuliert, fällt unter eine Rechnungseinheit, und umgekehrt zirkuliert nur, was sich zählen lässt. Diese Norm ist es übrigens, die ein Paradox erklärt, das viel zu wenig Beachtung findet: zur Stunde der generalisierten Zirkulation und des Phantasmas einer instantanen kulturellen Verständigung vermehrt man überall die Gesetze und Reglements, um die Zirkulation von Personen zu verhindern. So haben sich in Frankreich noch niemals so wenig Ausländer niedergelassen wie in letzter Zeit! Freie Zirkulation dessen, was sich zählen lässt, ja, und vor allem der Kapitalien, dessen, was in die Rechnung eingehen kann. Freie Zirkulation der nicht zählbaren Unendlichkeit, die ein einzelnes menschliches Leben ist, niemals! Die kapitalistische monetäre Abstraktion ist sicherlich eine Singularität, aber eine, *die auf keine Singularität Rücksicht nimmt.* Eine Singularität, die gegenüber der bleibenden Unendlichkeit der Existenz ebenso indifferent ist wie gegenüber dem ereignishaften Werden von Wahrheiten.

Auf der anderen Seite findet, begleitet von der kulturalistischen und relativistischen Ideologie, ein Prozess der Fragmentierung in geschlossene Identitäten statt.

Diese beiden Prozesse sind eng miteinander verzahnt. Denn jede produzierte Identität (jede geschaffene oder »gebastelte« Identität) erzeugt eine Figur, die Stoff bietet für den Zugriff des Marktes. Nichts unterliegt mehr dem Zugriff des Marktes, nichts *bietet sich mehr an* für die Erfindung neuer Figuren der monetären Homogenität als eine Gemeinschaft und ihr Territorium. Damit die Äquivalenz selbst ein Prozess sein kann, braucht man den Anschein einer Nicht-Äquivalenz. Welch unerschöpfliche Möglichkeit für merkantile Investitionen, wenn Frauen, Homosexuelle, Behinderte, Araber als fordernde Gemeinschaften und kulturelle Singularitäten auftreten! Und die endlosen Kombinationsmöglichkeiten der Prädikate, welch ein Segen! Die schwarzen Homosexuellen, die behinderten Serben, die pädophilen Katholiken, die gemäßigten Islamisten, die verheirateten Priester, die umweltbewussten jungen Chefs, die demütigen Arbeitslosen, die frühvergreisten Jugendlichen! Jedesmal gibt ein soziales Bild den Anstoß zu neuen Produkten, zu speziellen Zeitschriften, zu besonderen Einkaufszentren, zu »freien« Radiostationen, zu »gezielten« Reklamekampagnen und schließlich zu pompösen »gesellschaftlichen Debatten« zur besten Sendezeit. Genau wie Deleuze sagte: die kapitalistische Deterritorialisierung verlangt eine konstante Reterritorialisierung. Damit das Bewegungsprinzip des Kapitals den Raum, in dem es sich betätigt, homogenisieren kann, müssen sich permanent subjektive und territoriale Identitäten bilden, Identitäten, die allerdings immer nur das Recht verlangen, genau wie die anderen den uniformen Prärogativen des Markts ausgesetzt zu werden. Die kapitalistische Logik des allgemeinen Äquivalents und die identitäre und kulturelle Logik von Gemeinschaften oder Minderheiten bilden zusammen eine artikulierte Menge.

Diese Artikulation übt auf jeden Wahrheitsprozess einen Zwang aus. Sie ist organisch *ohne Wahrheit.*

Auf der einen Seite bricht jedweder Wahrheitsprozess mit dem axiomatischen Prinzip, das die Situation bestimmt und ihre repetitiven Reihen organisiert. Ein Wahrheitsprozess unterbricht die Wiederholung und kann sich mithin nicht auf die abstrakte Permanenz einer Rechnungseinheit stützen. Eine Wahrheit ist nach dem herrschenden Gesetz der Rechnung immer der Rechnung entzogen. Infolgedessen kann sich keine Wahrheit auf die homogene Expansion des Kapitals stützen.

Auf der anderen Seite aber kann sich auch kein Wahrheitsprozess im Identitären verankern. Denn wenn es stimmt, dass jede Wahrheit als singuläre auftritt, ist ihre Singularität unmittelbar universalisierbar. Die universalisierbare Singularität aber vollzieht mit der identitären Singularität notwendig einen Bruch.

Dass es ineinander verschlungene Geschichten, verschiedene Kulturen und allgemeiner noch Unterschiede gibt, die bereits in einem und »demselben« Individuum ungeheuer sind, dass die Welt bunt ist und dass man die Leute leben, essen, sich kleiden, denken und lieben lassen muss, wie sie es verstehen, das ist, anders als man uns mit falscher Naivität glauben machen will, nicht die Frage. Diese liberalen Evidenzen kosten nicht viel, und man würde nur wünschen, dass diejenigen, die sie verkünden, sich etwas gemäßigter zeigen würden, sobald auch nur der geringste etwas ernsthaftere Versuch gemacht wird, von ihrem eigenen kleinen liberalen Unterschied abzuweichen. Der gegenwärtige Kosmopolitismus ist eine wohltätige Realität. Nur sollte der Anblick einer verschleierten jungen Frau dessen Parteigänger nicht in Trance versetzen, weil man sonst annehmen muss, dass sie statt eines echten Gewebes beweglicher Unterschiede die uniforme Diktatur dessen anstreben, was sie für »Modernität« halten.

Die Frage, um die es geht, ist, was die identitären und kommunitaristischen Theorien mit den Wahrheitsprozessen, zum Beispiel mit den politischen, zu tun haben. Darauf antworten wir, dass diese Kategorien aus dem Prozess *entfernt* werden müssen, weil sonst keine Wahrheit auch nur die geringste Möglichkeit hat, ihre Persistenz zu beweisen und ihre immanente Unendlichkeit zu kumulieren. Im Übrigen ist bekannt, dass eine konsequent identitäre Politik, wie etwa der Nazismus, kriegerisch und kriminell ist. Die Annahme, man könnte solche Kategorien, und sei es in Form der »republikanischen« französischen Identität, unschuldig verwenden, ist unhaltbar. Man wird unvermeidlich zwischen dem abstrakten Universalen des Kapitals und lokaler Verfolgung hin und her schwanken.

Die heutige Welt steht also den Wahrheitsprozessen doppelt feindlich gegenüber. Das Symptom dieser Feindschaft zeigt sich in nominaler Inanspruchnahme: dort wo der Name einer Wahrheitsprozedur stehen müsste, steht ein anderer, der ihn verdrängt. Der Name Kultur verdrängt den der Kunst, das Wort Technik das Wort Wissenschaft, das Wort Verwaltung das Wort Politik, das Wort Sexualität das Wort Liebe. Das System Kultur-Technik-Verwaltung-Sexualität, das den ungeheuren Vorteil der Homogenität mit dem Markt hat und dessen sämtliche Begriffe im Übrigen eine Rubrik der Warenpräsentation bezeichnen, setzt sich selbst an die Stelle des Systems Kunst-Wissenschaft-Politik-Liebe, welches die Prozeduren der Wahrheit typologisch identifiziert.

Die identitäre oder minoritäre Logik aber denkt nicht daran, sich diese Typologie zu eigen zu machen, sondern vertritt statt dessen lediglich eine Variante der kapitalistischen nominalen Inanspruchnahme. Sie polemisiert gegen jeden generischen Begriff der Kunst und ersetzt ihn durch den der Kultur, verstanden als Kultur der Gruppe, als subjektiver oder repräsentativer Zement ihrer Existenz, als Kultur, die sich an einen selbst richtet und der potentiellen Universalisierbarkeit ermangelt. Sie postuliert auch unumwunden, dass die konstitutiven Elemente dieser Kultur nur unter der Voraussetzung, dass man selbst der betreffenden Teilmenge angehört, ganz verständlich seien. Daher so katastrophale Aussagen wie die, nur ein Homosexueller könne »verstehen«, was ein Homosexueller, nur ein Araber, was ein Araber sei, etc. Wenn, wie wir annehmen, einzig die Wahrheiten (das Denken) den Menschen vom ihm zugrunde liegenden menschlichen Tier zu unterscheiden erlauben, dann ist es nicht übertrieben zu sagen, dass solche »minoritären« Aussagen im eigentlichen Sinn *barbarisch* sind. Im Fall der Wissenschaft erhebt der Kulturalismus die technische Partikularität der Teilmengen auf eine Höhe mit dem wissenschaftlichen Denken, so dass zwischen Antibiotika, Schamanismus, Handauflegen und linderndem Kräutertee kein Unterschied mehr besteht. Im Fall der Politik liegen die identitären Merkmale der – staatstragenden oder kritischen – Festlegung zugrunde, und letztlich geht es darum, in das Recht oder die rohe Gewalt eine autoritäre Verwaltung dieser (nationalen, religiösen, sexuellen usw.) Merkmale einzuschreiben, die dann als dominante politische Operatoren betrachtet werden. Im Fall der Liebe schließlich verlangt man entweder das genetische Recht auf Anerkennung dieses oder jenes besonderen sexuellen Verhaltens als Konstitutiv einer minoritären Identität oder symmetrisch dazu ganz simpel die Rückkehr zu kulturell etablierten archaischen Vorstellungen, wie der strikten Konjugalität, der Einschließung der Frauen etc. Beides kann sich perfekt miteinander verbinden, wie man an den Forderungen der Homosexuellen sieht, die das Recht beanspruchen, in die großen Traditionen der Ehe und der Familie zurückzukehren oder mit päpstlichem Segen die abgelegte Soutane des Priesters anzulegen.

Die beiden Bestandteile der artikulierten Menge (abstrakte Homogenität des Kapitals und identitäre Ansprüche) befinden sich in einem spiegelbildlichen Verhältnis zueinander, in dem sie sich ge-

genseitig am Leben erhalten. Wer kann behaupten, dass sich die Überlegenheit des Gebildeten, des Kompetenten, des Führungserfahrenen, des sexuell Befriedigten von selbst versteht? Wer aber will den Frömmler, den Korrumpierten, den Terroristen, den Polygamen verteidigen oder das Lob des Marginalen, des Traditionalisten, des Homöopathen, des Mediensüchtigen, des Transsexuellen anstimmen? Jede Figur bezieht ihre wechselnde Legitimität von der Diskreditierung der anderen, schöpft aber zugleich auch aus deren Ressourcen, denn der Transformation der typisiertesten und neuesten kommunitären Identitäten in Reklamesprüche und verkäufliche Bilder entspricht die immer weiter verfeinerte Kompetenz der geschlossensten oder gewalttätigsten Gruppen, auf den Finanzmärkten zu spekulieren oder im großen Stil mit Waffen zu handeln.

Mit all dem brechend (weder monetäre Homogenität noch identitärer Anspruch; weder abstrakte Universalität des Kapitals noch Interessenpartikularität einer Teilmenge), nimmt unsere Frage ganz klar die folgende Form an: Welches sind die Bedingungen einer *universalen Singularität*?

An diesem Punkt nun wenden wir uns an den heiligen Paulus, denn genau das ist seine Frage. Was will Paulus? Zweifellos will er die Botschaft (das Evangelium) aus der strikten Abgeschlossenheit lösen, in der sie verblieben wäre, wenn sie nur für die jüdische Gemeinschaft gegolten hätte. Genauso wenig aber will er eine Bestimmung durch die vorhandenen Allgemeinheiten zulassen, seien sie staatlich oder ideologisch. Die staatliche Allgemeinheit ist der römische Juridismus, insbesondere das römische Bürgerrecht, seine daran geknüpften Bedingungen und Rechte. Obwohl selbst römischer Bürger und stolz darauf, es zu sein, wird Paulus niemals zulassen, dass das christliche Subjekt durch irgendeine Kategorie des Rechts identifiziert wird. Zugelassen sind also, ohne Einschränkung und Privileg, die Sklaven, die Frauen, Leute aus allen Berufen und allen Nationalitäten. Die ideologische Allgemeinheit hingegen ist offenkundig der philosophische und moralische Diskurs der Griechen. Paulus wird zu diesem Diskurs, der für ihn symmetrisch ist zu einer konservativen Sicht des jüdischen Gesetzes, einen entschlossenen Abstand herstellen. Letztlich handelt es sich darum, eine universale Singularität zugleich gegen die etablierten Abstraktionen (damals die juridischen, heute die ökonomischen) und gegen den kommunitären oder partikularistischen Anspruch zur Geltung zu bringen.

Das Verfahren des Paulus ist generell das folgende: wenn ein Ereignis stattgefunden hat und wenn die Wahrheit darin besteht, es zu bekennen und ihm dann treu zu bleiben, dann folgen daraus zwei Konsequenzen. Wenn, einmal, die Wahrheit ereignishaft ist oder der Ordnung dessen angehört, was geschieht, dann ist sie singulär. Sie ist weder struktural noch axiomatisch noch legal. Keine vorhandene Allgemeinheit kann von ihr Rechenschaft geben oder das Subjekt, das sich auf sie beruft, strukturieren. Es kann also kein Gesetz der Wahrheit geben. Da, weiter, die Wahrheit sich ausgehend von einem Bekenntnis von essentiell subjektivem Charakter einschreibt, wird sie von keiner bereits konstituierten Teilmenge gestützt, verleiht nichts Kommunitäres oder historisch Etabliertes ihrem Prozess seine Substanz. Die Wahrheit ist im Hinblick auf alle kommunitären Teilmengen diagonal; sie autorisiert sich durch keine Identität, und (dieser Punkt ist offenkundig der delikateste) sie konstituiert auch keine. Sie ist allen angeboten oder für jeden bestimmt, ohne dass irgendeine vorausgesetzte Zugehörigkeit dieses Angebot oder diese Bestimmung einschränken könnte.

Die Problematik des Paulus folgt einer windungsreichen Organisation, was damit zusammenhängt, dass die überlieferten Texte allesamt von lokalen Umständen und taktischen Erwägungen beeinflusste Interventionen sind, aber sie entspricht unbeirrbar den Anforderungen, die die Wahrheit als singuläre Universalität erhebt:

1. Das christliche Subjekt existiert nicht vor dem Ereignis, das es verkündet (die Auferstehung Christi). Es wird also gegen die äußeren Bedingungen seiner Existenz oder seiner Identität polemisiert. Weder darf verlangt werden, dass es Jude (oder beschnitten) noch dass es Grieche (oder weise) ist. Dies ist die Theorie der Diskurse (es gibt deren drei: den jüdischen, den griechischen und den neuen). Genauso wenig darf verlangt werden, dass es dieser oder jener sozialen Klasse (Theorie der Gleichheit vor der Wahrheit) oder diesem oder jenem Geschlecht angehört (Theorie der Frauen).

2. Die Wahrheit ist ganz und gar subjektiv (sie gehört der Ordnung eines Bekenntnisses an, das eine das Ereignis betreffende Überzeugung ausdrückt). Es wird also gegen jede Subsumtion ihres Werdens unter ein Gesetz polemisiert. Was gleichzeitig geleistet werden muss, ist eine radikale Kritik des obsolet und schädlich gewordenen jüdischen Gesetzes und eine Kritik des griechischen Gesetzes oder der Unterordnung des Schicksals unter die kosmische Ordnung; das griechische Gesetz war nie etwas anderes als eine »gelehrte« Unkenntnis der Heilswege.

3. Die Treue zum Bekenntnis ist entscheidend, denn die Wahrheit ist ein Prozess und keine Erleuchtung. Um sie zu denken, bedarf man dreier Begriffe: eines Begriffs, der das Subjekt am Punkt des Bekenntnisses benennt (πίστις, gewöhnlich übersetzt mit »Glaube«, aber besser wäre »Überzeugung«); eines Begriffs, der das Subjekt am Punkt der kämpferischen Adresse seiner Überzeugung benennt (ἀγάπη, gewöhnlich mit »Barmherzigkeit« übersetzt, aber besser wäre »Liebe«); eines Begriffs, der das Subjekt in der verschiebenden Kraft benennt, die ihm die Annahme des *abgeschlossenen* Charakters des Wahrheitsprozesses mitteilt (ἐλπίς, gewöhnlich mit »Hoffnung« übersetzt, aber besser wäre »Gewissheit«).

4. Eine Wahrheit ist von sich aus indifferent gegenüber der Beschaffenheit der Situation, zum Beispiel gegenüber dem römischen Staat. Das heißt, dass sie der von dieser Beschaffenheit vorgeschriebenen Organisation der Teilmengen entzogen ist. Die Subjektivität, die diesem Entzug entspricht, ist eine notwendige *Distanz* gegenüber dem Staat und dem, was ihm in den Mentalitäten entspricht: dem Apparat der Meinungen. Über Meinungen, wird Paulus sagen, soll man nicht streiten. Eine Wahrheit ist ein konzentrierter und ernsthafter Prozess, der niemals mit den etablierten Meinungen in Wettstreit treten darf.

Unter diesen Maximen ist nicht eine, die, vom Inhalt des Ereignisses einmal abgesehen, sich nicht auf unsere Situation und unsere philosophischen Aufgaben beziehen könnte. Was bleibt, ist, die darunter liegende konzeptuelle Organisation zu entfalten, und dabei zugleich dem Mann gerecht zu werden, der, indem er entschied, dass niemand von dem, was eine Wahrheit fordert, ausgenommen ist, und der, indem er das Wahre vom Gesetz losriss, ganz allein eine kulturelle Revolution ausgelöst hat, von der wir immer noch abhängen.

Kapitel II

Wer ist Paulus?

Wir könnten im wohlgefälligen Stil der üblichen Biographien beginnen. Paulus (in Wirklichkeit Saulus, was der Name des ersten Königs von Israel ist) wird in Tarsos zwischen 1 und 5 nach Chr. geboren (größere Genauigkeit ist im wissenschaftlichen Sinn nicht möglich). Er gehört also derselben Generation an wie Jesus, der bekanntlich geboren wurde, indem er – eine interessante Zirkularität – eben damit zugleich sein Geburtsdatum begründete, welches das Jahr 1 »unserer« (vielmehr seiner) Zeitrechnung darstellt. Der Vater des Paulus ist ein Zeltmacher, ist ein Händler und Handwerker. Er ist römischer Bürger, Paulus ist es also gleichfalls. Wie ist dieser Vater an sein Bürgerrecht gekommen? Am einfachsten ist die wenn auch völlig unbewiesene Annahme, dass er es gekauft hat. Einen römischen Beamten zu bestechen, übersteigt nicht die Mittel eines wohlhabenden Geschäftsmanns. Paulus ist ein Jude der pharisäischen Richtung. Mit Eifer beteiligt er sich an der Verfolgung der Christen, die von den orthodoxen Juden als Häretiker angesehen und in dieser Eigenschaft legal gerichtlich belangt, aber auch geschlagen, gesteinigt und gejagt werden, all dies je nach den Kräfteverhältnissen, die zwischen den Tendenzen innerhalb der jüdischen Gemeinden herrschen.

Die Hinrichtung Christi findet um das Jahr 30 statt, unter Tiberius. Im Jahr 33 oder 34 wird Paulus von einer göttlichen Erscheinung heimgesucht und bekehrt sich auf der Straße nach Damaskus zum Christentum. Er beginnt seine berühmten Missionsreisen. Und so weiter.

Wozu das alles? Man kann es nachlesen. Halten wir uns lieber ohne Umweg an die Lehre.

Und doch – Paulus ist, wie wir sehen werden, eine große Figur der Antiphilosophie. Es gehört aber zum Wesen der Antiphilosophie, dass die subjektive Position im Diskurs zum Argument wird. Existentielle, manchmal scheinbar bloß anekdotische Fragmente werden zu Garanten der Wahrheit erhoben. Kann man sich Rousseau vorstellen ohne die *Confessions*, Kierkegaard, ohne dass wir bis ins Einzelne über seine Verlobung mit Regine Bescheid wüssten, oder Nietzsche, ohne dass er uns in *Ecce homo* ausführlich die Gründe vorführte, die ihm das Recht zu dem Wort geben: »Warum ich ein Schicksal bin«? Für einen Antiphilosophen ist es klar, dass der Ort, von dem eine Aussage ausgeht, zum Protokoll der Aussage dazugehört. Kein Diskurs kann Anspruch auf Wahrheit erheben, wenn er nicht eine explizite Antwort auf die Frage enthält: Wer spricht?

Paulus erinnert in seinen Schriften stets daran, dass er ermächtigt ist, als Subjekt zu sprechen. Und zu diesem Subjekt ist er *geworden*. Er ist es plötzlich geworden, auf der Straße nach Damaskus (wenn man, wie wir meinen, wenigstens in diesem Punkt der gefälschten Paulus-Biographie, die im Neuen Testament den Namen *Apostelgeschichte* trägt, glauben kann). Die Geschichte ist bekannt: als eifernder Pharisäer nach Damaskus reisend, um die Christen zu verfolgen, hört Paulus eine geheimnisvolle Stimme, die ihm die Wahrheit und seine Berufung eröffnet.

Passt das Wort »Konversion« auf das, was auf dem Weg nach Damaskus passiert ist? Es ist ein Donnerschlag, eine Zäsur, keine dialektische Umkehrung. Es ist eine Verpflichtung, die ein neues Subjekt stiftet: »Aber von Gottes Gnade bin ich, was ich bin (εἰμι ὅ εἰμι)« (1.Kor 15, 10). Das »ich bin« als solches ist es, das auf dem Weg nach Damaskus in einer völlig unfasslichen Intervention zur Rechenschaft gezogen wird.

In gewissem Sinn gibt es keinen, der diese Konversion durchführt: Paulus ist nicht von Vertretern der »Kirche« bekehrt worden, er ist kein versöhnter Gegner. Es ist klar, dass das Treffen auf der Straße das Gründungsereignis mimt. So wie die Auferstehung vollkommen unkalkulierbar, so wie sie es ist, von der man ausgehen muss, so ist der Glaube des Paulus das, wovon er selbst als Subjekt ausgeht und wo nichts hinführt. Das Ereignis – »es ist geschehen«, ganz simpel, in der Anonymität einer Straße – ist das subjektive Zeichen des eigentlichen Ereignisses, welches die Auferstehung des Christus ist. Es ist in Paulus selbst die Wieder-Auferstehung (oder Konstitution) des Subjekts. Es ist das matrizenartige Exempel der Verknotung von Existenz und Lehre, denn Paulus zieht aus den Umständen seiner »Konversion« die Konsequenz, dass man nur vom Glauben ausgehen kann, vom Bekennen des Glaubens. Das Auftreten des christlichen Subjekts ist voraussetzungslos.

Wenn wir die Aussage des Paulus verstehen wollen, dürfen wir also auf keinen Fall von seinen Lebensumständen absehen. Glücklicherweise sind die für uns wichtigsten die, die er selbst in seine Briefe inkorporiert, denn die glaubwürdigen externen Fakten sind äußerst dürftig. Der Bericht der *Apostelgeschichte* ist, wie gesagt, eine retrospektive Konstruktion, deren Absichten die moderne Kritik unzweideutig aufgedeckt hat und deren Form weitgehend der Rhetorik des griechischen Romans entlehnt ist. Die darin enthaltene Wirklichkeit von der umhüllenden erbaulichen (und politisch tendenziösen) Fabel zu trennen, verlangt eine außerordentliche und misstrauische Strenge, wobei wir uns jedoch praktisch auf nichts anderes stützen können als auf die Möglichkeit, das eine oder andere Detail mit Hilfe der römischen Geschichtsschreibung – welche für diese kleinen Gruppen häretischer Juden nicht eben viel Interesse hatte – zu überprüfen. Und selbst die »Paulusbriefe«, die mindestens ein Jahrhundert nach dem Tod des Apostels im Neuen Testament kanonisch gesammelt wurden, verdienen Misstrauen. Bei einigen hat die wissenschaftliche Exegese ihren apokryphen Charakter nachgewiesen, so dass das Corpus dieses fundamentalen Autors letztlich nur aus sechs ziemlich kurzen Texten besteht: *Römer, Erster und Zweiter Korinther, Galater, Philipper, Erster Thessalonicher*.

Was jedoch ausreicht, um einige subjektive Grundzüge nachweisen und einige entscheidende Episoden absichern zu können.

Ein höchst wichtiger Punkt zum Beispiel, von dem Paulus mit offenkundigem Stolz berichtet (er ist nicht introvertiert und leidet auch nicht unter falscher Bescheidenheit), besteht in der Frage, was Paulus nach dem Donnerschlag von Damaskus macht. Wir wissen jedenfalls, was er *nicht* macht. Er geht nicht nach Jerusalem, sucht nicht die mit Autorität versehenen, institutionellen Apostel auf, die den Christus noch selbst gekannt haben. Er lässt sich das Ereignis, das ihn in seinen eigenen Augen als Apostel einsetzt, nicht »bestätigen«. Er verzichtet für diese subjektive Auferstehung auf jedes offizielle Siegel. Daher datiert jene unerschütterliche Überzeugung sein eigenes Schicksal betreffend, die ihn wiederholt mit dem Kern der historischen Apostel, deren zentrale

Persönlichkeit Petrus ist, in Konflikt bringen wird. Sich abkehrend von jeder anderen Autorität als der Stimme, die ihn persönlich zum Subjekt-Werden berufen hat, bricht Paulus nach Arabien auf, um das Evangelium zu verkünden, um zu bekennen, dass das, was stattgefunden hat, stattgefunden hat – als ein Mann, der, bewaffnet mit einem persönlichen Ereignis, bevollmächtigt ist, jenes unpersönliche Ereignis zu verkünden, das die Auferstehung ist.

In Arabien bleibt Paulus drei Jahre. Zweifellos hält er selbst seine militante Durchsetzungsfähigkeit für eine ausreichende Garantie, um nach dieser Frist endlich mit den »historischen Häuptern« zusammentreffen zu können. Es wird sich zeigen, dass Paulus, obwohl in prinzipiellen Fragen unnachgiebig und sogar heftig, dennoch auch ein Politiker ist, der den Wert von vernünftigen Kompromissen kennt, besonders von verbalen, die seine Aktionsfreiheit in den von ihm gewählten Orten und Gebieten (die vor allem solche sind, wo der Gegner noch kaum Fuß gefasst hat) nur wenig einschränken. Paulus geht also nach Jerusalem, trifft dort Petrus und die Apostel und reist wieder ab. Wir wissen nicht, worum es bei diesem ersten Treffen geht. Man kann jedoch nicht annehmen, dass es Paulus von der Notwendigkeit überzeugt, sich oft aufs jerusalemitische »Zentrum« zu beziehen, denn die zweite Epoche seiner Missionsreisen, die ihn nach Kilikien, Syrien, die Türkei, Makedonien und Griechenland führen, dauert vierzehn Jahre. Die *exzentrische* Dimension von Paulus' Handeln ist der praktische Unterbau eines Denkens, das die wahre Universalität als zentrumslos behauptet.

Man weiß ungefähr, wie diese militanten Pilgerfahrten aussehen. Der Judaismus ist damals noch eine Religion, die auf Proselyten aus ist. Sich an die Heiden zu wenden, ist nicht, wie man oft annimmt, eine Erfindung des Paulus. Der jüdische Bekehrungseifer ist konsequent und entwickelt. Er teilt sein Publikum in zwei Kreise, die man, einen politischen Anachronismus riskierend, die Sympathisanten und die Mitglieder nennen könnte.

a) Die »Gottesfürchtigen« erkennen die globale Legitimität des Monotheismus an, sind aber von den Vorschriften des Gesetzes, insbesondere der Beschneidung, entbunden.

b) Die Konvertiten verpflichten sich, die Vorschriften des Gesetzes einzuhalten und sich beschneiden zu lassen. Die Beschneidung tritt hier als Merkmal auf, als die eigentliche Initiation.

Nicht dass er sich an die Heiden wendet, ist es also eigentlich, was Paulus von der jüdischen Gemeinschaft abhebt – von der Gemeinschaft, auf deren Institutionen er sich stützt, wenn er seine missionarische Tätigkeit beginnt. Wenn er in eine Stadt kommt, wird er zuerst in der Synagoge aktiv. Offensichtlich kommt es zum Konflikt mit den Orthodoxen, und zwar aus Gründen der Lehre: die starrsinnige Behauptung, dass Jesus der Messias *ist* (denn »Christus« ist immer nur das griechische Wort für »Messias«, so dass die einzige Verbindung zwischen der neuen Lehre und dem prophetischen Judaismus nach Paulus in der Gleichsetzung von Jesus mit dem Christus besteht), läuft, in den Augen der meisten Juden und aus guten und höchst legitimen Gründen, auf einen Betrug hinaus. Nach Zwischenfällen, die, wie es der Zeit entspricht, einen äußerst gewaltsamen und sogar lebensbedrohlichen Charakter annehmen können, zieht sich Paulus aus der Synagoge zurück und kommt bei einem lokalen Sympathisanten unter. Dort versucht er eine Gruppe zu bilden, die aus Judenchristen und Heidenchristen gemischt ist. Anscheinend sind die Heidenchristen unter den Mitgliedern sehr bald in der Überzahl, was nicht weiter erstaunlich ist, denn Paulus macht besonders hinsichtlich der Riten ans jüdische Erbe nur sehr geringe Konzessionen. Sobald er die Gruppe für hinreichend konsolidiert hält (man nennt sie dann *ecclesia*, wovon sich zweifellos das französische »église« ableitet, worunter man sich aber eine kleine Menge von Aktivisten vorzustellen hat), gibt er die Leitung an andere ab, deren Überzeugung er schätzt und die seine Leutnants werden. Dann reist er weiter.

Nichts ist für die Gewissheit, die Paulus im Hinblick auf die Zukunft seiner Aktion hatte, bezeichnender als die von ihm ständig vollzogene Identifizierung zwischen dem kleinen Kern von Gläubigen, der sich in einer Stadt gebildet hat, und der ganzen Region. Wer sind schon diese Thessalonicher, diese Korinther, von den Römern gar nicht zu reden, an die Paulus in ebenso lebhaftem wie majestätischem Ton seine Briefe richtet? Vermutlich ein paar in der Stadt verlorene »Brüder«, was eine archaische Form unseres Ausdrucks »Genosse« ist. Mit einer Wahrheit kommensurabel zu sein, macht anonyme Individuen immer zu Vektoren der ganzen Menschheit. So steht, könnte man sagen, die Handvoll Widerstandskämpfer der Jahre 1940 oder 1941 unter demselben Zeichen wie die Korinther des Paulus: sie und nur sie kommen in Frage, wenn es darum geht, was wirklich als real zu gelten hat in Frankreich.

So fern Paulus auch sein mag, er verliert nie die Kerngruppen aus den Augen, die unter seiner Mitwirkung entstanden sind. Seine Briefe sind nichts anderes als Interventionen im Leben dieser Gruppen, und sie sind erfüllt von politischer Leidenschaft. Kampf gegen innere Spaltungen, Erinnerung an die Grundprinzipien, Erneuerung des Vertrauensverhältnisses zu den örtlichen Führern, Untersuchung der Streitpunkte, Organisation der Finanzen – nichts fehlt von all dem, was einem Aktivisten welcher organisierten Bewegung auch immer als Gegenstand von Besorgnis und kollektiver Aufwallung vertraut ist.

Nach vierzehn Jahren solcher mit organisatorischer Arbeit angefüllter Irrfahrten befinden wir uns annähernd im Jahr 50. Der Christus ist seit etwa zwanzig Jahren tot. Vor siebzehn Jahren hat Paulus bei Damaskus seine Berufung empfangen. Er ist um die fünfzig und nennt sich selbst »den alten Paulus«. Die frühesten Texte von ihm, die auf uns gekommen sind, stammen aus dieser Zeit. Warum? Über diesen Punkt sind einige Hypothesen möglich.

Paulus, der für mehrere überwiegend heidenchristliche Gruppen verantwortlich ist, hat damals seinen Wohnsitz in Antiochia, der dritten Stadt des Reichs nach Rom und Alexandria. Erinnern wir uns, dass Paulus einer wohlhabenden Familie aus Tarsos entstammt und dass er – das ist nicht gleichgültig – kein Mann des platten Landes, sondern Städter ist. Sein Stil verdankt nichts jenen ländlichen Bildern und Metaphern, die in den Parabeln Christi so häufig sind. Wenn seine Vision die ganze Welt umfasst und bis an die letzten Grenzen des Imperiums reicht (sein innigster Wunsch ist es, nach Spanien zu gehen, so als ob er als Orientale nur im äußersten Okzident seine Mission zu Ende bringen könnte), dann weil sein urbaner Kosmopolitismus und seine langen Reisen seinen Horizont entsprechend erweitert haben. Der Universalismus des Paulus ist auch eine innere Geographie, die nicht mit der des kleinen Grundeigentümers übereinstimmt.

Wenn Paulus über Fragen der Lehre zu schreiben beginnt, wenn seine Texte kopiert und weitergegeben werden, dann, wie wir glauben, weil ihm die Notwendigkeit des Kampfs in großem Stil aufgegangen ist. Die Umstände zwingen ihn dazu, sich als Haupt einer Partei oder Strömung zu begreifen.

Während Paulus sich in Antiochia aufhält, treffen dort Judenchristen der strikten Observanz ein. Sie stellen sich gegen den Apostel, stiften Unruhe und verlangen die Beschneidung aller Gläubigen. Es ist, noch einmal, nicht die Bekehrung von Nichtjuden, die in Frage gestellt wird. Es geht darum, dass Paulus sich nicht bereitfinden kann, bei denen, die er um sich sammelt, zwei Gruppen zu unterscheiden, die Sympathisanten aufgrund der Lehre und die »echten« Bekehrten, die die Riten praktizieren und beschnitten sind. Für ihn (und wir werden ihm darin zustimmen) ist ein Wahrheitsprozess so beschaffen, dass er keine Stufen kennt. Entweder nimmt man daran teil, bekennt sich zum Gründungsereignis und zieht daraus die Konsequenzen, oder man bleibt ihm fremd. Diese Unterscheidung, die kein Zwischenglied und keine Vermittlung erlaubt, ist völlig subjektiv. Die äußeren Kennzeichen und die Riten können nichts zu ihrer Begründung beitragen, nicht einmal in Nuancen. Sie ist der Preis, der für den Status der Wahrheit als universaler Singularität zu entrichten ist. Der Prozess einer Wahrheit ist nur insoweit universal, als ihn als realer Punkt eine unmittelbare subjektive Anerkennung seiner Singularität stützt. Anderenfalls muss auf Satzungen und besondere Kennzeichen zurückgegriffen werden, was die neue Lehre jedoch zwangsläufig im kommunitären Raum *fixieren* und ihre universale Entwicklung blockieren muss. Paulus betrachtet also alle Bekehrten als voll praktizierende Gläubige, ungeachtet ihrer Herkunft und ob beschnitten oder nicht. Die Judenchristen der strengen Observanz halten dagegen an der Praxis des stufenweisen Beitritts fest und finden es ausgesprochen skandalös, dass man ihnen Leute gleichstellt, die weder die Kennzeichen der Gemeinschaft haben noch ihre rituellen Praktiken teilen, Leute sogar, die das Gesetz weder kennen noch respektieren.

Ein heftiger Streit erhebt sich. Man kommt schließlich überein, die Frage in Jerusalem mit den historischen Aposteln zu entscheiden. Es ist die zweite Begegnung von Paulus und Petrus, und diesmal wissen wir, worum es geht – um einen tiefgehenden Konflikt nämlich, der den Bestand der neuen Lehre bedroht. Bis zu welchem Punkt bleibt diese ihrem Ursprung, bleibt sie der jüdischen Gemeinschaft verpflichtet? Oder, wie ich es sagen würde: Welche genaue Beziehung besteht zwischen der angenommenen Universalität der aus dem Ereignis folgenden Wahrheit (dem, was sich aus der Auferstehung Christi ergibt) und der Stätte dieses Ereignisses, welche ohne jeden Zweifel das Volk ist, das vom Alten Testament zusammengehalten wird? Wie wichtig sind bei der Konstruktion dieser Wahrheit und bei ihrer Verbreitung unter den Völkern des Reichs die traditionellen Kennzeichen der Zugehörigkeit zur jüdischen Gemeinschaft?

Das Treffen von Jerusalem (im Jahre 50 oder 51) ist für diese Fragen, die die Verknüpfung der Singularität mit der Universalität organisieren, von entscheidender Wichtigkeit. Ganz besonders geht es um die Beschneidung, und Paulus hat Wert darauf gelegt, mit Titus, einem unbeschnittenen Gläubigen, nach Jerusalem zu kommen. Im Hintergrund steht jedoch die Frage, wer erwählt ist. Was ist Erwählung? Gibt es sichtbare Zeichen für sie? Und schließlich: Wer ist Subjekt? Was *kennzeichnet* ein Subjekt?

Für das judenchristliche Lager der strengen Observanz macht das Christusereignis den früheren Raum nicht zunichte. Sein Subjektbegriff ist dialektisch. Die Macht des Ereignisses soll keineswegs geleugnet werden, aber es soll klar sein, dass seine Neuheit den traditionellen Ort des Glaubens bewahrt und aufhebt, ihn durch Überwindung inkorporiert. Das Christusereignis erfüllt das Gesetz, kündigt es nicht auf. Die traditionellen Kennzeichnungen (zum Beispiel die Beschneidung) sind also nach wie vor notwendig. Man kann sogar sagen, dass sie, von der neuen Verkündigung wieder aufgenommen und erhöht, umgestaltet werden und nur desto wirksamer sind.

Paulus steht an der Spitze des zweiten Lagers. Für ihn macht das Ereignis die frühere Kennzeichnung obsolet; die neue Universalität steht mit der jüdischen Gemeinschaft in keiner privilegierten Beziehung. Die Bestandteile des Ereignisses, seine Stätte, was es in Bewegung setzt – all das spielt sich zwar in dieser Gemeinschaft ab: Paulus selbst gehört ganz und gar der jüdischen Kultur an, und er zitiert weit öfter das Alte Testament als die Worte, die der Christus zu Lebzeiten gesprochen haben soll. Aber auch wenn das Ereignis *in seinem Sein* von seiner Stätte abhängt, in seinen *Wahrheitseffekten* ist es notwendig davon unabhängig. Nicht also, dass die kommunitäre Kennzeichnung (die Beschneidung, die Riten, die strenge Einhaltung des Gesetzes) nicht zu rechtfertigen oder falsch wäre. Vielmehr wird sie (was schlimmer ist) durch den aus dem Ereignis folgenden Wahrheitsimperativ *gleichgültig*. Sie hat keine Bedeutung mehr, weder eine positive noch eine negative. Die rigorose Aussage des Paulus lautet vielmehr: »Beschnitten sein ist nichts, und unbeschnitten sein ist nichts« (1. Kor. 7, 19), und sie ist für die Judenchristen eindeutig ein Sakrileg. Sie ist aber bemerkenswerterweise auch keine heidenchristliche Aussage, denn auch dem Fehlen der Beschneidung kommt keinerlei besonderer Wert zu, und es kann in keiner Weise verlangt werden.

Philosophisch rekonstituiert, bezieht sich die Debatte auf drei Begriffe. Einmal auf die Unterbrechung (was ist es, was von einem Ereignis unterbrochen, was ist es, was von ihm festgehalten wird?); zweitens auf die Treue (was heißt es, einer ereignishaften Unterbrechung treu zu bleiben?); drittens auf die Kennzeichnung (gibt es Merkmale oder sichtbare Zeichen der Treue?). Am Schnittpunkt dieser drei Begriffe erhebt sich die Grundfrage: Wer ist Subjekt des Wahrheitsprozesses?

Wir wissen von der Existenz dieser Streitpunkte nur durch den kurzen Bericht, den Paulus selbst über die Konferenz in Jerusalem gibt, sowie durch deren Inszenierung in der *Apostelgeschichte*. Mit Sicherheit stand am Ende ein Kompromiss, eine Art Abgrenzung der Einflusssphären, und zwar mit folgender Formel: es gibt Apostel, die in jüdischer Umgebung, und es gibt andere, die in heidnischer Umgebung arbeiten. Petrus ist der Apostel der Juden, Paulus der der Heiden, der ἔϑνοι (lateinisch *nationes*, womit praktisch alle Völker außer dem jüdischen gemeint sind).

Paulus berichtet die Geschichte im Brief an die Galater, 2, 1-10.

Danach aber über vierzehn Jahre zog ich abermals hinauf nach Jerusalem mit Barnabas und nahm auch Titus mit mir. Ich zog aber hin aufgrund einer Offenbarung und besprach mich mit ihnen über das Evangelium, das ich predige unter den Heiden, besonders aber mit denen, die das Ansehen hatten, auf dass ich nicht etwa vergeblich liefe oder gelaufen wäre. Aber es ward selbst Titus, der mit mir war, nicht gezwungen, sich beschneiden zu lassen, obwohl er ein Grieche war. Denn da etliche falsche Brüder sich mit eingedrängt hatten und nebeneingeschlichen waren, auszukundschaften unsere Freiheit, die wir haben in Christus Jesus, damit sie uns knechteten, wichen wir denselben auch nicht eine Stunde und waren ihnen nicht untertan, damit die Wahrheit des Evangeliums bei euch bestehen bliebe. Von denen aber, die das Ansehen hatten, – wer immer sie einst gewesen sind, daran liegt mir nichts; denn Gott achtet das Ansehen der Menschen nicht –, mir haben die, welche das Ansehen hatten, nichts weiter auferlegt. Im Gegenteil, da sie sahen, dass mir anvertraut war das Evangelium an die Heiden gleichwie dem Petrus das Evangelium an die Juden – denn der in Petrus kräftig gewesen ist zum Apostelamt unter den Juden, der ist auch in mir kräftig gewesen unter den Heiden –, und da sie erkannten die Gnade, die mir gegeben war, Jakobus und Kephas und Johannes, die für Säulen angesehen werden, gaben sie mir und Barnabas die rechte Hand und wurden mit uns eins, dass wir unter den Heiden, sie aber unter den Juden predigten, nur dass wir der Armen gedächten, welches ich auch fleißig gewesen bin zu tun.

Dieser Text ist ganz und gar politisch. Mindestens drei Punkte sind festzuhalten:

1. Wie zurückhaltend Paulus sich auch ausdrückt, man ahnt, dass der Zusammenstoß heftig war. Die Judenchristen der strengen Observanz (zweifellos diejenigen, die die Unruhen in Antiochia provoziert hatten), werden als »falsche Brüder« bezeichnet, und ganz offenkundig geht es darum, ob man ihren Pressionen nachgeben soll oder nicht. Die historischen Apostel, Petrus (Kephas), Jakobus und Johannes, haben vermittelnd eingegriffen und in vernünftiger Ausübung ihrer symbolischen Leitungsfunktionen sich mit einer Art empirischer militanter Dualität einverstanden erklärt. Nichts in dieser Lösung lässt jedoch eine klare Partei-

nahme in den eigentlichen Grundfragen erkennen. Dass Paulus sich mit den Heiden befasst, ist eine Sache, dass er ihnen weder die Riten noch die Kennzeichen abverlangt, eine andere, über die die Konferenz offenkundig keine Entscheidung fällt.

2. Der Schlüsselmoment des Textes ist der, in dem Paulus seine Gegner beschuldigt, sie wollten »auskundschaften unsere Freiheit, die wir haben in Christus Jesus, damit sie uns knechteten«. Denn mit der Freiheit kommt jene Frage des Gesetzes ins Spiel, die in der Predigt des Paulus zentral sein wird. In welcher Beziehung steht letztlich das Gesetz zum Subjekt? Ist in der Figur einer Unterwerfung unters Gesetz bereits jedes Subjekt enthalten? Die Konferenz von Jerusalem entscheidet nichts, aber sie erlaubt das Sichentwickeln antinomischer Erfahrungen.

3. Alles, nicht zuletzt der von Paulus angeschlagene defensive Ton (er plädiert sichtlich für das Recht, seine Tätigkeit fortsetzen zu können), deutet darauf hin, dass der Kompromiss nicht stabil war, was nicht heißt, dass es ihm an historischer Tragweite fehlte. Diese war im Gegenteil erheblich. Indem sie der Aktivität des Paulus ebenso den Weg freimachte wie der der Judenchristen strenger Observanz, hat die Konferenz von Jerusalem das Christentum letztlich davor bewahrt, eine jüdische Sekte zu bleiben, eine prekäre Abspaltung (wie so viele andere). Aber indem sie dem Eifer der dem Judaismus feindlich gesinnten Heidenchristen, der vielleicht auch der des Paulus selbst war, Zügel anlegte, hat sie das Christentum auch davor gerettet, eine aller Verwurzelung im historischen Judaismus beraubte und mithin ebenfalls höchst prekäre Bewegung von Schwarmgeistern zu werden. Weil die Konferenz von Jerusalem das Christentum mit der Mitgift des doppelten Prinzips der Öffnung und der Historizität versieht, ist sie wahrhaft grundlegend. Auf diese Weise sorgt sie für die feste Einbindung des Ereignisses als Initiation eines Wahrheitsprozesses. Dass das Ereignis neu ist, darf niemals vergessen machen, dass es neu ist nur im Hinblick auf eine bestimmte Situation, in welcher es die Elemente seiner Stätte in Bewegung versetzt. Tatsächlich scheint die Konferenz nicht imstande gewesen zu sein, den Inhalt dieser diffizilen Paarung von Ereignishaftigkeit und Situationsimmanenz zu fixieren; es ist schon viel, dass sie empirisch deren Möglichkeit organisiert. Wenn wirklich Petrus der Baumeister des Kom-

promisses von Jerusalem ist, hat er seinen Titel als Eckstein der Kirche verdient.

Dass die Situation auch nach der Konferenz noch sehr gespannt bleibt, zeigt der berühmte »Zwischenfall von Antiochia«, den Paulus gleich nach seinem Bericht erwähnt und der am Ende desselben Jahres stattgefunden zu haben scheint. Dieser Zwischenfall wird in der *Apostelgeschichte* mit Schweigen übergangen, was einmal mehr beweist, dass es sich bei ihr um ein offizielles Dokument handelt, das von den ersten Jahrzehnten des Christentums ein möglichst uniformes, institutionelles und »römisches« Bild liefern soll.

Worum geht es? Petrus befindet sich (auf Inspektionsreise?) in Antiochia, wohin Paulus zurückgekehrt ist. Die Frage ist, ob man rituelle Mahlzeiten zusammen mit Nichtjuden einnehmen darf. Petrus beginnt damit, entfernt sich aber von der Tafel, als er Schüler des Jakobus kommen sieht. Paulus ist sehr ungehalten. Ohne Zweifel sieht er im Verhalten des Petrus eine Infragestellung des initialen Kompromisses und eine scheinheilige Position. Der Zorn ist im Text noch spürbar:

> Als aber Kephas nach Antiochien kam, widerstand ich ihm ins Angesicht, denn es war Grund zur Klage wider ihn. Denn zuvor, ehe etliche von Jakobus kamen, aß er mit den Heiden; als sie aber kamen, zog er sich zurück und sonderte sich ab, weil er die aus dem Judentum fürchtete. Und mit ihm heuchelten die anderen Juden, so dass auch Barnabas verführt ward, mit ihnen zu heucheln. Als ich aber sah, dass sie nicht richtig wandelten nach der Wahrheit des Evangeliums, sprach ich zu Kephas vor allen öffentlich: Wenn du, der du ein Jude bist, heidnisch lebst und nicht jüdisch, warum zwingst du denn die Heiden, jüdisch zu leben? (Gal. 2, 11-14)

Mit Barnabas, der sich Petrus angeschlossen hatte, bricht Paulus sofort. All das zeigt, dass er in Sachen Prinzipientreue keinen Spaß verstand.

Das scheinbare Rätsel besteht in Folgendem: warum sagt Paulus dem Petrus, er (Petrus), der Jude sei, lebe nach Art der Heiden? Die Antwort setzt einen impliziten Bezug auf das Abkommen von Jerusalem voraus. Was Petrus mit Rücksicht auf dieses Abkommen getan hat, ist doppelsinnig, ist der scheinheilige Respekt vor einer Konvention, ist mithin ein schweres Versagen bei jemandem, der sich aufs Gesetz beruft. Paulus wirft, so könnte man sagen, dem Petrus eine Handlungsweise vor, die keineswegs dem Bild entspricht, das Petrus selbst von dem, was ein Jude ist, geben will. So verliert er jedes Recht, die Heiden zu zwingen, sich nach diesem Bild zu richten und die äußeren Riten zu praktizieren.

Man sollte die Wichtigkeit dieses Zwischenfalls nicht unterschätzen. Dass Petrus sich im Hinblick auf seine eigenen Prinzipien inkonsequent hat zeigen können, lässt bei Paulus die Idee Wurzel schlagen, dass neue Prinzipien her müssen. Dieser Zwischenfall zeigt ihm, dass das Gesetz in seinem alten Imperativ nicht oder dass es nicht mehr zu halten ist, selbst für die, die sich darauf berufen. Dies wird eine wesentliche These des Paulus stärken, die nämlich, dass das Gesetz zu einer Figur des Todes *geworden* ist. Die Situation des Petrus hat ihm, im Herzen des dürftigen christlichen »Apparats«, dafür ein konkretes Beispiel geliefert, jene prekäre, scheinheilige Situation, die »Grund zur Klage« gibt und die, angesichts der Forderungen, die die Praxis stellt, geradezu tödlich ist. Für Paulus ist es nicht mehr möglich, zwischen dem Gesetz, das für die aufstrebende Wahrheit ein Todesprinzip ist, und dem ereignisbezogenen Bekennen, das ihr Lebensprinzip ist, die Waage zu halten.

Nunmehr Haupt einer Tendenz und geschult durch die großen Kämpfe »an der Spitze«, nimmt Paulus seine Reisen wieder auf (Makedonien, Griechenland). Die *Apostelgeschichte* liefert von diesen Reisen eine Version in Technicolor. Eine ebenso berühmte wie unwahrscheinliche Episode ist die große Rede, die Paulus »mitten auf dem Areopag« vor den athenischen Philosophen (Stoikern und Epikureern) gehalten haben soll. Festzuhalten bleibt davon, wenigstens was die Stimmung angeht, vielleicht der jämmerliche Schluss: als sie Paulus von der Auferstehung der Toten sprechen hören, brechen die Philosophen in Gelächter aus und gehen. Es ist tatsächlich wenig wahrscheinlich, dass Paulus mit seiner Predigt in Athen besonderen Erfolg gehabt hat, was sich schon darin zeigt, dass er dort keine Gruppe gründet. Damit befinden wir uns also an der zweiten großen Frontlinie des Paulus (die erste war der Konflikt mit den Judenchristen): seiner Verachtung der philosophischen Weisheit. Was ihn in Athen in Schwierigkeiten bringt, ist kurz gesagt seine Antiphilosophie. Im ersten Korintherbrief finden wir eine indirekte, aber klare Bilanz dieser Expeditionen eines Antiphilosophen auf philosophisches Terrain:

> Auch ich, liebe Brüder, da ich zu euch kam, kam nicht mit hohen Worten und hoher Weisheit, euch zu verkündigen die göttliche Predigt. Denn ich hielt nicht dafür, dass ich etwas wüsste unter euch als allein Jesus Christus, den Gekreuzigten. Auch war ich bei euch in Schwachheit und in Furcht und mit großem Zittern; und mein Wort und meine Predigt geschah nicht mit überredenden Worten menschlicher Weisheit, sondern in Erweisung des Geistes und der Kraft, auf dass euer Glaube bestehe nicht auf Menschenweisheit, sondern auf Gottes Kraft. (1. Kor. 2, 1-4)

Das Problem ist, wie man, nur mit der Überzeugung bewaffnet, die das Christusereignis bekennt, in das griechische intellektuelle Milieu, dessen wesentliche Kategorie die Weisheit (σοφία) und dessen Instrument die rhetorische Überlegenheit (ὑπεροχή λόγου) ist, eindringen kann.

Vermerkt sei, da es sich um den Logos handelt, auch, dass Paulus Griechisch schreibt, das Umgangsgriechisch des damaligen Orients, das (ähnlich wie das heutige Englisch) eine Art internationale Sprache ist. Diese Sprache hat nichts Künstliches oder Esoterisches, sondern es ist das Griechisch der Händler und der Romanciers. Man muss den Worten des Paulus, die in ihrer Übersetzung durch jahrhundertelangen Obskurantismus abgenutzt sind (dieser »Glaube«, diese »Liebe«, dieser »Heilige Geist« – welch ein Verlust an Energie!), ihren gängigen und geläufigen Wert zurückgeben und sich hüten, in ihnen ein kirchliches Patois zu sehen. Wenn Paulus von den Feinheiten des Griechischen spricht, muss man zweifellos bedenken, dass die Sprache der Gebildeten, der Philosophen, erstarrt und fast schon tot ist, aber auch, dass die Diskussion nicht von außen kommt, mit dem schwierigen Transit der Idiome nichts zu tun hat, sondern dass der Konflikt im Inneren derselben lebendigen Sprache stattfindet.

Der rhetorisch gerüsteten Weisheit setzt Paulus eine »Erweisung des Geistes (πνεῦμα, der Atem) und der Kraft (δύναμις)«

entgegen. Die Menschenweisheit steht gegen die Kraft Gottes. Es kommt also darauf an, »οὐκ ἐν σοφίᾳ λόγου«, ohne die Weisheit der Sprache zu intervenieren. Diese Maxime enthält eine radikale Antiphilosophie, denn ein solcher Satz ist für eine φιλοσοφία unannehmbar. Im Hintergrund steht, dass das Auftreten eines Subjekts sich nicht als die rhetorische Konstruktion einer persönlichen Anpassung an die Gesetze des Universums oder der Natur darstellen kann.

Die Bilanz des Paulus scheint nicht geschönt zu sein. Bei den »Griechen« ist er gescheitert. Die Juden stellen die Frage nach dem Gesetz, die Griechen die nach der Weisheit, der Philosophie. Dies sind die beiden historischen Referenten von Paulus' Unternehmen. Zu finden ist der Weg eines Denkens, das den einen ebenso wie den anderen Referenten vermeidet. Im Licht der Öffentlichkeit ist diesem diagonalen Versuch nur wenig Erfolg beschieden, kann er nur wenige und vereinzelte Anhänger um sich sammeln. So beginnt jede Wahrheit.

Wir befinden uns unter Nero, und Paulus' inniger Wunsch ist, wie schon erwähnt, nach Spanien zu gehen, was für die damalige Zeit das Ende der Welt bedeutet. Genau zum Zeitpunkt seines Aufbruchs erhebt sich jedoch eine neue Streitfrage, die der Kollekte.

In allen Gruppen, die sich dem christlichen Bekenntnis angeschlossen hatten, sammelte man Gelder, die für die Gemeinde in Jerusalem bestimmt waren. Was bedeutete diese Sammlung? Wieder stoßen wir auf den Kampf der Tendenzen, den der schwache Kompromiss der Konferenz von Jerusalem durch seinen Schiedsspruch hatte schlichten sollen.

Die Judenchristen sehen in diesem Tribut die Anerkennung des Primats der historischen Apostel (Petrus und der anderen) und zugleich das Zeichen dessen, dass Jerusalem, das mit dem Tempel das evidente Zentrum der jüdischen Gemeinschaft ist, ganz natürlich als Zentrum auch der christlichen Bewegung auserwählt ist. Die Kollekte behauptet demnach eine zwischen dem jüdischen Kommunitarismus und der christlichen Expansion bestehende Kontinuität. Durch die Kollekte erkennen die äußeren Gruppen letztlich an, dass sie eine Art Diaspora sind.

Paulus aber interpretiert die Kollekte genau entgegengesetzt. Indem es ihre Geschenke annimmt, bestätigt das Zentrum die Legitimität der heidenchristlichen Gruppen. Es demonstriert, dass weder die Zugehörigkeit zur jüdischen Gemeinschaft noch die Kennzeichen dieser Zugehörigkeit noch die Lokalisierung auf dem Boden Israels gültige Kriterien dafür sind, ob eine konstituierte Gruppe zur christlichen Bewegung gehört oder nicht.

Weil er das Schicksal der Kollekte überwachen und beobachten will, in welchem Sinn man sie versteht, entschließt sich Paulus, statt nach Spanien zu gehen, die Gelder nach Jerusalem zu begleiten.

Was sich dort abspielt, kann nur rekonstruiert werden. Die plausibelste Version des Geschehens ist die folgende. Paulus ist in Jerusalem ein wenig wie in der Höhle des Löwen. Man verlangt von ihm, dass er sich nach bestimmten jüdischen Riten richtet. Er akzeptiert, denn er kann, wie er geschrieben hat, »Jude mit den Juden« ebenso wie Grieche mit den Griechen sein: die subjektive Wahrheit ist gegenüber den Gebräuchen indifferent. Er geht zum Tempel. Es gibt einen Aufruhr gegen ihn, weil er einen Nichtjuden in den Tempel geführt haben soll. Eine solche Tat ist für die offiziellen religiösen jüdischen Stellen, die in diesem Punkt vom römischen Besatzer, der gewöhnlich an den lokalen Bräuchen festhält, gestützt werden, ein todeswürdiges Verbrechen.

Hat Paulus das Verbrechen, das man ihm zur Last legt, wirklich begangen? Die Mehrzahl der Historiker glaubt nicht daran. Aber eigentlich weiß man es nicht. Paulus ist ein Aktivist, und es ist nicht ausgeschlossen, dass er eine Provokation für möglich und für nützlich hielt. In jedem Fall wird er in dem Augenblick, da man ihn lynchen will, von einem Trupp römischer Soldaten festgenommen. Die Römer sind es, die die Klage anstrengen. Man verbringt Paulus in die Garnison nach Caesarea. Gegen 59 wird er dem Gouverneur Festus vorgeführt (dieser Punkt ist gesichert). Da die Anklage die Todesstrafe nach sich ziehen kann, macht er seine Rechte als römischer Bürger geltend: ein Bürger, der auf Leben und Tod angeklagt ist, hat das Recht, in Rom verurteilt zu werden. Er wird nach Rom verbracht und scheint dort von 60 bis 62 Gefangener gewesen zu sein. Eine kurze Anspielung bei Clemens um 90 lässt darauf schließen, dass er schließlich hingerichtet wurde; ob nach einem ordentlichen Prozess oder im Zuge einer Verfolgung, weiß man nicht.

Keiner von den Texten des Paulus erwähnt diese Episoden, und zwar einfach deshalb, weil die überlieferten authentischen Texte mit Sicherheit vor seiner Verhaftung liegen. Das heißt, dass wir hinsichtlich der letzten Lebensjahre des Paulus völlig im Dunkeln tappen. Die Überführung nach Rom wird in der *Apostelgeschichte* mit großer Detailfreude und nach den besten Regeln des maritimen Abenteuerromans erzählt. Es ist unmöglich, Wahres von Falschem zu unterscheiden. Die *Apostelgeschichte* endet merkwürdigerweise keineswegs mit dem Martyrium des Paulus, sondern mit dem erbaulichen Schauspiel eines Apostels, der in Rom in aller Ruhe seine Bekehrungstätigkeit fortsetzt, was mit vielen anderen Einzelheiten von der pro-römischen Einstellung ihres Verfassers Zeugnis ablegt.

Letztlich aber lehrt uns Paulus selbst, dass es weder auf die Zeichen der Macht noch auf exemplarische Lebensläufe ankommt, sondern darauf, wozu eine Überzeugung imstande ist – hier, jetzt und für immer.

Kapitel III

Texte und Kontexte

Die Texte des Paulus sind Briefe, die ein Führer an die von ihm gegründeten oder unterstützten Gruppen richtet. Der Zeitraum ihrer Entstehung ist sehr kurz (von 50 bis 58). Es sind kämpferische Dokumente, versandt an kleine Kerngruppen von Bekehrten. Es sind in gar keiner Weise Erzählungen wie die Evangelien und auch keine theoretischen Traktate, wie sie später die Kirchenväter schreiben werden, oder lyrische Prophetien wie die Johannes zugeschriebene Apokalypse. Vielmehr sind es *Interventionen*. In dieser Hinsicht haben sie mehr Ähnlichkeit mit den Texten Lenins als mit dem *Kapital* von Marx, mehr mit den meisten Texten Lacans als mit Freuds *Traumdeutung*, mehr mit den Vorlesungen Wittgensteins als mit den *Principia Mathematica* von Russell. In dieser Form, in der die Opportunität des Handelns schwerer wiegt als das Bedürfnis, sich durch Publikationen zu profilieren (»poubellications«, sagte Lacan [von *poubelle*, die Mülltonne, A. d. Ü.]), zeigt sich ein typischer Zug des Antiphilosophen: er schreibt weder ein System noch eine Summe, er schreibt nicht einmal wirklich ein Buch. Er spricht ein Wort des Bruchs – das Geschriebene folgt, wenn es nötig ist.

Das Rätsel besteht viel eher darin, wie es kommt, dass diese Gelegenheitstexte auf uns gekommen sind, und welches Motiv hinter ihrer feierlichen und verdächtigen Aufnahme in das unantastbare Corpus steht, das als das Neue Testament bekannt ist.

Die kanonische Sammlung der »Paulusbriefe« erfolgt spät, vermutlich erst am Ende des 2. Jahrhunderts. Die ältesten Abschriften, die wir besitzen, stammen vom Beginn des 3. Jahrhunderts und betreffen bloß Fragmente. Außerdem sind, wie erwähnt, von den dreizehn Briefen, die das Neue Testament enthält, mindestens sechs mit Sicherheit apokryph, selbst wenn man bei manchen annehmen darf, dass sie aus der »Umgebung« des Paulus stammen.

Warum und wie kam es zu einer Sakralisierung dieses Corpus? Paulus hat, wie wir uns erinnern, keine evidente historische Legitimität. Er gehört nicht zu den zwölf Aposteln. Er hat vom Leben des Herrn nichts gekannt. Er hat dem historischen Zentrum in Jerusalem schwere Sorgen bereitet.

Diese Seltsamkeit lässt sich durch vier wichtige Beobachtungen erklären.

1. Eben weil eine zählebige Illusion, die mit der seit vielen Jahrhunderten gültigen Ordnung des Neuen Testaments zusammenhängt, auf Anhieb die gegenteilige Gewissheit suggeriert, werden wir nicht aufhören, daran zu erinnern: *die Briefe des Paulus gehen der Redaktion der Evangelien zeitlich voraus, und zwar erheblich.* Mehr noch: die Briefe des Paulus sind ganz einfach *die ältesten auf uns gekommenen christlichen Texte.* Die mündlichen Erzählungen vom Leben Jesu, von seinen Wundern, von seinem Tod, haben wohlgemerkt zur Zeit von Paulus' Missionstätigkeit zweifellos ausgiebig die Runde gemacht. Aber kein schriftliches Dokument, das diese Geschichte festhält und vor dem Jahr 70 liegt, als Paulus bereits rund zehn Jahre tot war, ist erhalten. Wenn man, was plausibel ist, den ersten Brief an die Thessalonicher auf das Jahr 50 datiert, dann sind es bis zum ersten redigierten Evangelium (dem des Markus) noch zwanzig Jahre. Paulus gebührt also, was die Zirkulation der christlichen Lehre in Schriftform angeht, unstreitig die Priorität. Und da seine Briefe bereits sehr früh kopiert und weitergegeben worden sind, wäre es wohl kaum möglich gewesen, sie, als schließlich (spät, am Ende des 3. Jahrhunderts) der Zeitpunkt gekommen war, die Gründungsdokumente der neuen Religion zu sammeln, einfach zu ignorieren.

2. Bis auf Teile des Johannesevangeliums (das als spätestes, vielleicht um 90 entstanden ist), bilden die Evangelien zu den Paulusbriefen einen regelrechten Gegensatz, auf den wir noch zurückkommen müssen. Ihr Ziel ist offenkundig, die *Taten* Jesu hervorzuheben, die exzeptionelle Einzigartigkeit seines Lebens. Die klassischen Motive der Thaumaturgie und der religiösen Scharlatanerie sind allesamt in Fülle zur Stelle: Wunderheilungen, Gänge übers Wasser, Wahrsagungen und Ankündigungen, auferweckte Tote, anormale meteorologische Phänomene, Handauflegungen, augenblickliche Vermehrung von Lebensmitteln. Insgesamt stimmt der Stil Jesu, so wie er uns von den Evangelien geschildert wird, mit dem Auftreten des wandernden Magiers überein. Zwar

glänzt er durch den Reiz seiner Aphorismen und durch den Willen zum Bruch, dem er Form zu geben versteht. Nichtsdestoweniger unterliegt er der Prägung durch die Gesetze der Gattung: doppelsinnige Parabeln, dunkle Metaphern, apokalyptische Bilder und schließlich eine klug konstruierte Unentscheidbarkeit, was die Identität der Person betrifft (Prophet? Messias? Gesandter Gottes? Sohn Gottes? Neuer Gott, der auf die Erde herabgestiegen ist?).

Die Texte des Paulus enthalten von alledem fast nichts, obwohl es doch im christlichen Milieu der ersten Generation zweifellos mit vielen Ausschmückungen weitererzählt wurde. Man hat oft bemerkt, dass das empirische Leben Jesu in den Briefen fast gar nicht erwähnt wird, so wenig übrigens wie irgendeine der berühmten Parabeln des Meisters. Die Lehre Jesu wird, nicht anders als seine Wunder, hochmütig ignoriert. Alles wird auf einen einzigen Punkt zurückgeführt: Jesus, der der Sohn Gottes (wir werden sehen, was das bedeutet) und in dieser Eigenschaft der Christus ist, ist am Kreuz gestorben und auferstanden. Das andere, alles andere, ist ohne reale Wichtigkeit. Ja man kann sogar sagen, dass dieser Rest (was Jesus gesagt und getan hat) *nicht das Reale der Überzeugung ist, sondern sie behindert, ja verfälscht*. Eine solche Reduktion verlangt jedoch einen konzentrierten Stil, der sich von den Schrullen der prophetischen und thaumaturgischen Literatur freigemacht hat. Sicher, Paulus ist ein großartiger Schriftsteller, gedrängt, formelhaft, und er versteht es, im richtigen Moment ungewöhnliche und kraftvolle Bilder einzusetzen. Der Dichter Henry Bauchau hat darauf aufmerksam gemacht, wie manche Passagen, in denen eine gewaltsame Abstraktion mit einem Wechsel der Tonart einhergeht, der den Leser unter Druck setzen und ihm keine Atempause lassen soll, an Tiraden bei Shakespeare erinnern. Aber worauf es dieser Prosa letztlich ankommt, ist die Argumentation und die Abgrenzung, das Resultat, das sich einem essentiellen Kern des Denkens verdankt. Wir finden also weder Parabeln noch gelehrte Dunkelheit, noch subjektive Unentschiedenheit oder Verschleierung der Wahrheit. Das Paradox des Glaubens muss produziert werden, wie es ist, muss von der Prosa ans Licht seiner radikalen Neuheit gebracht werden.

Aus all dem ergibt sich, dass die Paulusbriefe die einzigen wahren *Lehrtexte* des Neuen Testaments sind. Man versteht, dass –

zum Beispiel – Luther der Meinung war, die Paulusbriefe und nur sie enthielten den Sinn der Offenbarung, und aus seiner Geringschätzung für die synoptischen Evangelien, besonders das des Lukas, keinen Hehl machte.

Ohne die Texte des Paulus würde die christliche Botschaft zweideutig bleiben und sich von der prophetischen und apokalyptischen Literatur, von der diese Zeit übervoll ist, nicht wirklich absetzen. Das ist ein wichtiger Grund für ihr Vorhandensein im kanonischen Corpus.

3. Was ist in der Zeit zwischen der Redaktion der paulinischen Texte und der der Evangelien passiert? Ein kapitales Ereignis: die jüdische Erhebung gegen den römischen Okkupanten im Jahr 66 (höchstwahrscheinlich nach dem Tod des Paulus), die im Jahr 70 zur Zerstörung des Tempels durch Titus führt. Dies ist der eigentliche Beginn der jüdischen Diaspora, es ist aber auch nicht zuletzt das Ende der »zentralen« Bedeutung Jerusalems für die christliche Bewegung. In dieser Zeit beginnt der Prozess, der allmählich Rom zur wahren Hauptstadt des Christentums macht und den orientalischen und jüdischen Ursprung, für den Jerusalem als Sitz der historischen Apostel das Symbol war, historisch ausstreicht.

Paulus ist jedoch aufgrund seiner universalen und dezentrierten Vision des Aufbaus christlicher Kerngruppen in mehr als einer Hinsicht ein Vorläufer dieser Verschiebung. Für ihn ist die Struktur des sich vom Orient bis nach Spanien erstreckenden römischen Reichs, das zugleich die Welt bedeutet, zweifellos wichtiger als die Vorrangstellung Jerusalems. Dass sein entwickeltster, konstruiertester und, insbesondere was den Bruch mit dem jüdischen Gesetz angeht, folgenreichster Text ein Brief an die Römer ist, gehört zu jener Art von Zufällen, gegen deren Symbolkraft kein Einspruch möglich ist. Noch ein gewichtiger Grund, Paulus in das offizielle Corpus aufzunehmen.

4. Eine Organisation geht, wie man weiß, an die Sammlung ihrer Grundtexte, wenn sie sich gegenüber gefährlichen Abweichungen festlegen oder gegen drohende Spaltungen zur Wehr setzen muss. Die ersten Jahrhunderte des Christentums sind in dieser Hinsicht besonders aufgewühlt. Was die Frage, die uns hier beschäftigt, angeht, so muss vor allem eine seit dem frühen 2. Jahrhundert

auftretende Häresie in Betracht gezogen werden, die man ultrapaulinisch nennen könnte, nämlich die des Marcion.

Marcion, der am Anfang der langen Reihe manichäisch orientierter Häresien steht, ist der Meinung, dass der Bruch zwischen Christentum und Judaismus, zwischen dem (für uns) Alten und dem Neuen Testament, als absolut angesehen werden muss, und zwar in einem genauen Sinn: *Es ist nicht derselbe Gott, von dem in den beiden Religionen die Rede ist*. Das Alte Testament handelt von dem Gott, der die Welt geschaffen hat, und dieser Gott ist, wie die Betrachtung der Welt, wie sie ist, hinreichend zeigt, ein bösartiges Wesen. Oberhalb dieses Schöpfergotts existiert jedoch ein Gott, der wahrhaft gütig ist und der die Gestalt eines Vaters, nicht eines Schöpfers hat. Für Marcion, so kann man sagen, muss der (einzig vom Christentum offenbarte) symbolische Vater vom wirklichen oder Schöpfer-Vater unterschieden werden. Der Gott des Christentums (der symbolische Vater) ist jedoch nicht auf dieselbe Weise bekannt wie der Gott des Alten Testaments (der Erzeuger). Während dieser in der Erzählung von seinen finsteren und launischen Untaten direkt zugänglich ist, legt von jenem, von dem in der Welt keine Spur zu finden ist und von dem es also keine direkte oder im Erzählstil mitteilbare Kenntnis geben kann, nur das Kommen seines Sohnes Zeugnis ab. Daraus folgt, dass die christliche Botschaft ganz einfach vermittelnde Offenbarung des wahren Gottes ist, Ereignis des Vaters, das zugleich den Betrug des Schöpfergotts, von dem das Alte Testament spricht, aufdeckt.

Der Traktat des Marcion, der nicht überliefert ist, hieß *Antithesen*. Wichtigster Punkt war, dass Paulus zum einzigen authentischen Apostel erklärt wird, während die anderen, allen voran Petrus, unter dem Imperativ des finsteren Schöpfergottes verblieben seien. Sicherlich konnte der Häretiker gute Gründe für seine Indienstnahme des »Apostels der Völker« anführen: den Kampf des Paulus gegen die Judenchristen der strengen Observanz, seine ereignishafte Auffassung des Christentums und seine Polemik gegen die todbringende Dimension des Gesetzes. Mit wenig Übertreibung nur konnte man auf diesem Weg bei der Konzeption Marcions ankommen: das neue Evangelium ist ein absoluter Neubeginn.

Dass es sich dabei um eine Manipulation handelt, steht jedoch außer Zweifel. Es gibt keinen Text von Paulus, aus dem sich irgendetwas wie die Lehre des Marcion entnehmen ließe. Dass der Gott, dessen Sohn Jesus Christus ist, der Gott der Juden ist, von dem das Alte Testament spricht, ist für Paulus eine Evidenz, von der ununterbrochen die Rede ist. Wenn es eine Gestalt gibt, der Paulus sich nahe fühlt und die er subtil zu eigenen Zwecken einsetzt, dann ist es die Abrahams. Dass Paulus den Akzent auf den Bruch mit dem Judaismus setzt statt auf die Kontinuität, ist unstreitig. Dies ist aber eine militante These, keine ontologische. Die göttliche Einzigkeit durchquert zwei Situationen, die durch das Christusereignis getrennt sind, und steht in keinem Augenblick in Zweifel.

Um Marcions gefährliche Häresie zu bekämpfen (die den Kompromiss von Jerusalem abrupt aufgekündigt hatte und aus dem Christentum eine Sekte ohne jede historische Tiefe zu machen drohte), setzten die Kirchenväter dem Ultrapaulinismus offenbar einen gemäßigten und »zentristischen« Paulus entgegen. Hier hat zweifellos die Konstruktion des offiziellen Paulus, die nicht ohne Tricksereien und diverse Abweichungen vonstatten ging, ihren Ursprung. Nun kennen wir Marcion nur durch seine orthodoxen Gegner, wie Irenäus oder Hieronymus; und symmetrisch dazu wissen wir von Paulus nur durch jenes Paulusbild, das gegen die errichtet werden musste, die vom christlichen Bruch eine extremistische Vision hatten und sich dabei die radikalsten Äußerungen des Gründers zu eigen machten. So erklärt sich zum Teil die Aufnahme der Paulusbriefe in das endgültige Corpus: für die Kirche, die eben feste Formen annahm, war es besser, einen gemäßigten Paulus für sich zu haben als einen Paulus, der ganz und gar auf seiten der Häresie stand, gegen sich. Es ist aber nicht ausgeschlossen, dass man, weil es opportun schien, echte Texte filterte und falsche fabrizierte und so den Apostel ein wenig nach »rechts« gerückt oder wenigstens seinen Radikalismus gedämpft hat. Eine Tätigkeit, der sich, wie wir sahen, seit dem Ende des 1. Jahrhunderts der Redakteur der *Apostelgeschichte* widmete.

Trotz alledem aber ist man, wenn man Paulus liest, erstaunt, wie wenig Spuren die Epoche, die Gattungen und die Umstände in seiner Prosa hinterlassen haben. Der Imperativ des Ereignisses hat ihr etwas Gedrängtes und Zeitloses mitgeteilt, etwas, das uns, eben weil es darum geht, ein Denken in seiner *auftretenden Singularität*, aber unabhängig von jedweder Anekdote, aufs Universale zu beziehen, unmittelbar verständlich ist, ohne dass wir (ganz anders als oftmals in den Evangelien, von der dunklen Apokalypse gar nicht zu reden) zu umständlichen historischen Meditationen gezwungen wären.

Wohl keiner hat diese bleibende Zeitgenossenschaft der paulinischen Prosa besser sichtbar gemacht als einer der größten Dichter unserer Zeit, nämlich Pier Paolo Pasolini, der sich allerdings schon durch seine beiden Vornamen, durch den bloßen Signifikanten also, ins Zentrum des Problems versetzt sah.

Pasolini, für den die Frage des Christentums sich mit der des Kommunismus oder die der Heiligkeit mit der des politischen Kämpfers kreuzte, hatte die Absicht, einen Film zu drehen, in dem der heilige Paulus in die Welt von heute versetzt wäre. Der Film kam nicht zustande, aber wir besitzen ein ausführliches Drehbuch davon, das in französischer Übersetzung bei Flammarion erschienen ist.

Pasolini verfolgte das Ziel, aus Paulus einen Zeitgenossen zu machen, ohne irgendetwas an seinen Aussagen zu ändern. Auf allerdirekteste, gewaltsamste Weise wollte er die Überzeugung von einer umfassenden Aktualität des Paulus wiederherstellen. Der Zuschauer sollte explizit erfahren, dass Paulus hier und heute, als physisch existent vorstellbar wäre; dass es unsere Gesellschaft ist, an die er sich wendet, dass wir es sind, die er beklagt, denen er droht und verzeiht, die er angreift und zartfühlend umarmt. Paulus, so will er sagen, ist unser fiktiver Zeitgenosse, weil der universale Gehalt seiner Botschaft, einschließlich der Hindernisse und Schiffbrüche, nichts von seiner Realität eingebüßt hat.

Für Pasolini hat Paulus auf revolutionäre Weise ein Gesellschaftsmodell zerstören wollen, das auf sozialer Ungleichheit, Imperialismus und Sklaverei aufgebaut war. Es gibt bei ihm den heiligen Willen zur Zerstörung. Zwar scheitert Paulus in dem geplanten Film, und dieses Scheitern ist ein innerliches mehr noch als ein öffentliches. Aber er spricht, ohne dass irgendetwas von den Worten, die er vor fast zweitausend Jahren gebraucht hat, geändert werden müsste, die Wahrheit der Welt aus.

Pasolinis These ist dreifach:

1. Paulus ist unser Zeitgenosse, weil der erschütternde Zufall, das Ereignis, die reine Begegnung, immer am Ursprung einer Heiligkeit stehen. Wir brauchen heute jedoch die Figur des Heiligen, auch wenn die Inhalte der gründenden Begegnung variieren können.

2. Versetzt man Paulus und all seine Aussagen in unser Jahrhundert, so zeigt sich, dass sie dort auf eine reale Gesellschaft stoßen, die nicht weniger kriminell und korrupt, aber unendlich viel widerstandsfähiger und geschmeidiger ist als die des Römischen Reichs.

3. Die Aussagen des Paulus sind zeitlos legitim.

Die zentrale Thematik ist situiert im Verhältnis zwischen Aktualität und Heiligkeit. Wenn die Welt der Geschichte sich ins Geheimnis, in die Abstraktion, in die reine Frage verflüchtigen will, dann ist es die Welt des Göttlichen (der Heiligkeit), die, als Ereignis zu den Menschen herabgestiegen, konkret und wirksam wird.

Der Film ist der Weg einer Heiligkeit in eine Aktualität. Wie geht diese Transposition vor sich?

Rom ist New York, die Hauptstadt des amerikanischen Imperialismus. Jerusalem, das von den Römern okkupierte kulturelle Zentrum, das Zentrum auch des intellektuellen Konformismus, ist Paris unter der deutschen Knute. Die kleine, stammelnde christliche Gemeinschaft wird von den Résistants, die Pharisäer werden von den Pétainisten dargestellt.

Paulus ist ein Franzose gehoben-bürgerlicher Herkunft, ein Kollaborateur, der den Widerstand verfolgt.

Damaskus ist das Barcelona des frankistischen Spanien. Der Faschist Paulus erfüllt einen Auftrag für die Frankisten. Auf dem Weg nach Barcelona hat er, im Südwesten Frankreichs, eine Erleuchtung. Er wechselt ins antifaschistische Lager und wird Résistant.

Danach wird gezeigt, wie er reist, um den Widerstand zu predigen, in Italien, in Spanien, in Deutschland. Athen, das Athen der Sophisten, die Paulus nicht zuhören wollten, ist das heutige Rom, repräsentiert von den von Pasolini verachteten kleinen italienischen Intellektuellen und Kritikern. Schließlich geht Paulus nach New York, wo er verraten, festgenommen und unter erniedrigenden Umständen hingerichtet wird.

Was auf diesem Itinerar mehr und mehr zum zentralen Aspekt wird, ist der Verrat, der seine Triebfeder darin hat, dass das von Paulus Geschaffene (die Kirche, die Organisation, die Partei) sich gegen seine eigene innere Heiligkeit kehrt. Pasolini stützt sich hier auf eine große Tradition (auf die wir zurückkommen werden), die in Paulus weniger den Theoretiker des christlichen Ereignisses als den unermüdlichen Schöpfer der Kirche sieht. Insgesamt ein Mann des Apparats also, ein Kämpfer der dritten Internationale. Für Pasolini, der mit Hilfe des Paulus über den Kommunismus meditiert, verkehrt die Partei durch ihre strikten Imperative die Heiligkeit zum Priestertum. Wie kann die authentische Heiligkeit (die Pasolini dem Paulus ohne Einschränkung zuerkennt) die Probe einer Geschichte bestehen, die zugleich flüchtig und monumental ist und in der sie statt einer Operation eine Ausnahme ist? Sie kann es nur, indem sie sich verhärtet, indem sie autoritär und organisiert wird. Aber diese Härte, die sie vor jeder Korruption durch die Geschichte bewahren soll, entpuppt sich selbst als eine essentielle Korruption, als die Korruption des Heiligen durch den Priester. Sie ist die fast notwendige Bewegung eines inneren Verrats. Und dieser innere Verrat ist erzwungen durch einen äußeren, der zur Denunziation des Paulus führen wird. Der Verräter ist der als ein Agent des Teufels dargestellte heilige Lukas, der mit seiner in einem süßlichen und emphatischen Stil geschriebenen *Apostelgeschichte* darauf abzielt, die Heiligkeit zu annullieren. Pasolinis Interpretation der *Apostelgeschichte* ist diese: das Leben des Paulus soll beschrieben werden, als ob er nie etwas anderes als ein Priester gewesen wäre. Die *Apostelgeschichte* gibt uns, wie überhaupt das offizielle Paulus-Bild, den Priester, der den Heiligen verdrängt hat. Das ist eine Fälschung, denn Paulus *ist* ein Heiliger. Aber der Film gibt uns die Wahrheit dieses Schwindels zu verstehen: In Paulus schafft die immanente Dialektik von Heiligkeit und Aktualität eine subjektive Figur des Priesters. Paulus stirbt auch deshalb, weil sich die Heiligkeit in ihm verdunkelt hat.

Eine Heiligkeit, die in eine Aktualität wie die des römischen Reichs oder auch des gegenwärtigen Kapitalismus eingetaucht ist, kann sich nur schützen, wenn sie mit aller erforderlichen Härte eine Kirche schafft. Aber diese Kirche macht aus der Heiligkeit ein Priestertum.

Bei alledem ist das Erstaunlichste, dass sich die paulinischen Texte mit fast unglaublicher Natürlichkeit in die Situationen, denen Pasolini sie aussetzt, einfügen: Krieg, Faschismus, amerikanischer Kapitalismus, die kleinen Diskussionen der italienischen Intelligentsia. Aus dieser artistischen Probe auf den universalen Wert sowohl des gedanklichen Kerns wie der Zeitlosigkeit seiner Prosa geht Paulus erstaunlich siegreich hervor.

Kapitel IV

Theorie der Diskurse

Wenn Paulus von dem Jerusalemer Apostelkonzil als Apostel der Völker, der ἔθνοι, bezeichnet wird (im Französischen ziemlich ungenau mit »nations« wiedergegeben), dann könnte man meinen, seine Predigt würde sich nunmehr an eine gänzlich offene Mannigfaltigkeit von Völkern und Gebräuchen richten, also praktisch an die sämtlichen, ungeheuer zahlreichen menschlichen Teilmengen des Reichs. Paulus erwähnt jedoch konstant immer nur zwei Entitäten ausdrücklich: die Juden und die Griechen, als ob diese metonymische Repräsentation ausreichen würde oder als ob unter dem Blickwinkel der christlichen Offenbarung und ihrer universalen Bestimmung mit diesen beiden Referenten die Vielheit der ἔθνοι erschöpft wäre. Welchen Status hat das Paar Jude/Grieche, das für sich allein schon die »nationale« Komplexität des Reichs repräsentiert?

Eine elementare Antwort bestünde darin, dass »Grieche« ein Äquivalent für »Heide« ist und dass die Vielzahl der Völker letztlich durch die einfache Opposition zwischen jüdischem Monotheismus und offiziellem Polytheismus abgedeckt ist. Diese Antwort ist allerdings nicht überzeugend, denn wenn Paulus von den Griechen oder vom Griechen spricht, verbindet er diese Worte nur ausnahmsweise mit einem religiösen Glauben. In aller Regel ist von der Weisheit, der Philosophie also, die Rede.

Es ist jedoch wesentlich, dass im paulinischen Vokabular »Jude« und »Grieche« nichts von dem, was wir spontan unter dem Wort »Volk« verstehen könnten, bezeichnen, also eine objektive menschliche Menge, die an ihrem Glauben, ihren Bräuchen, ihrer Sprache, ihrem Gebiet etc. erkennbar wäre. Genauso wenig handelt es sich dabei um konstituierte und legalisierte Religionen. Vielmehr sind »Jude« und »Grieche« in Wirklichkeit *subjektive Dispositionen*. Genauer gesagt handelt es sich dabei um das, was für Paulus in der Welt, in der er lebt, die beiden kohärenten intellektuellen Figuren sind – also um das, was man Regimes *des Diskurses* nennen könnte. Wenn Paulus über den Juden und den

Griechen theoretisiert, meint er in Wirklichkeit eine Topik der Diskurse. Und diese Topik ist dazu bestimmt, einen dritten Diskurs, den seinen nämlich, so zu platzieren, dass seine vollständige Originalität ablesbar wird. Wie Lacan, der den analytischen Diskurs nur denkt, um ihn in eine mobile Topik einzuschreiben, in der er sich mit dem des Herrn, des Hysterischen und der Universität verbindet, so begründet Paulus den »christlichen Diskurs« nur, indem er dessen Operationen von denen des jüdischen und des griechischen Diskurses unterscheidet. Die Analogie ist umso frappierender, als Paulus, wie wir sehen werden, sein Vorhaben nur durchführt, indem er noch einen vierten Diskurs definiert, der an den seinen angrenzt und den man den mystischen nennen könnte – so als ob die gesamte Topik der Diskurse ein Viereck organisieren müsste. Aber ist es nicht Hegel, der, wenn er am Schluss seiner *Logik* zeigt, dass das absolute Wissen einer ternären Dialektik nach einem vierten Term verlangt, an diesem Punkt Klarheit schafft?

Was ist der jüdische Diskurs? Die subjektive Figur, die er konstituiert, ist die des Propheten. Ein Prophet ist jedoch derjenige, der den Zeichen verpflichtet ist, der Zeichen gibt, der die Transzendenz bezeugt, indem er das Dunkle seiner Entzifferung aussetzt. Man kann also annehmen, dass der jüdische Diskurs vor allem der Diskurs des Zeichens ist.

Was ist nun der griechische Diskurs? Die subjektive Figur, die er konstituiert, ist die des Weisen. Die Weisheit aber ist Aneignung der festen Ordnung der Welt, ist Verbindung des Logos mit dem Sein. Der griechische Diskurs ist *kosmisch*, denn er verortet das Subjekt in der Vernunft einer natürlichen Totalität. Der griechische Diskurs ist wesentlich Diskurs der Totalität, insofern er im Dienst der σοφία (Weisheit als innerer Zustand) als Einsicht in die φύσις steht (in die Natur als geordnete und vollendete Entfaltung des Seins).

Der jüdische Diskurs ist ein Diskurs der Ausnahme, denn das prophetische Zeichen, das Wunder und die Erwählung bezeichnen die Transzendenz als das Jenseits der natürlichen Totalität. Das jüdische Volk selbst ist zugleich Zeichen, Wunder und Erwählung. Es ist eigentlich exzeptionell. Der griechische Diskurs spricht über die kosmische Ordnung, um sich ihr anzupassen, während der jüdische Diskurs von der Ausnahme von dieser Ordnung spricht, um von der göttlichen Transzendenz Zeichen zu geben.

Im Grunde ist die paulinische Idee die, dass jüdischer und griechischer Diskurs die beiden Seiten *derselben Figur von Herrschaft* sind. Denn die mirakulöse Ausnahme ist nichts als das »Minus eins«, der Punkt des Versagens, durch den sich die kosmische Totalität behauptet. Die Schwäche des jüdischen Diskurses besteht für den Juden Paulus darin, dass seine Logik des exzeptionellen Zeichens nur *für* die griechische kosmische Totalität gültig ist. Der Jude ist die Ausnahme vom Griechen. Daraus ergibt sich zunächst, dass keiner der beiden Diskurse universal sein kann, weil jeder das Fortbestehen des anderen voraussetzt; und weiter, dass die zwei Diskurse beide gemeinsam annehmen, dass uns im Universum der Schlüssel zum Heil gegeben ist, sei es über die direkte Beherrschung der Totalität (griechische Weisheit), sei es über die Beherrschung der schriftlichen Tradition und die Entzifferung der Zeichen (jüdischer Ritualismus und jüdische Prophetie). Ob nun aber die kosmische Totalität als solche anvisiert oder ob sie von der Ausnahme des Zeichens her entziffert wird, Paulus sieht in jedem Fall eine Theorie des Heils installiert, die an eine Herrschaft (ein Gesetz) gebunden ist, was zusätzlich den schweren Missstand mit sich bringt, dass die Herrschaft des Weisen und die des Propheten, ihrer Identität notwendig nicht bewusst, die Menschheit entzwei spalten (der Jude *und* der Grieche) und somit die Universalität der Verkündigung blockieren.

Das Projekt des Paulus besteht darin, zu zeigen, dass eine universale Heilslogik sich mit keinem Gesetz verträgt, weder mit dem, welches das Denken an den Kosmos bindet, noch mit dem, welches die Regeln einer exzeptionellen Erwählung angibt. Der Ausgangspunkt kann unmöglich das Ganze sein, ebenso unmöglich aber eine Ausnahme vom Ganzen. Weder die Totalität noch das Zeichen kommen in Frage. Man muss vom Ereignis als solchem ausgehen, das akosmisch und illegal ist, sich keiner Totalität einfügt und ein Zeichen von nichts ist. Vom Ereignis auszugehen, bringt jedoch kein Gesetz hervor, keine Form von Herrschaft, weder die des Weisen noch die des Propheten.

Man kann es auch so sagen: der griechische und der jüdische Diskurs sind beide Diskurse *des Vaters*. Was übrigens auch der Grund ist, warum sie Gemeinschaften in einer Form von Gehorsam zusammenbinden (Gehorsam gegenüber dem Kosmos, dem Reich, Gott oder dem Gesetz). Nur derjenige Diskurs hat die Chance, universal zu sein, sich aller Partikularismen zu entledigen, der sich als ein *Diskurs des Sohnes* darstellt.

Dieser Figur des Sohnes galt offenkundig das leidenschaftliche Interesse Freuds, ebenso wie sie der Identifikation Pasolinis mit dem Apostel zugrunde liegt. Für ersteren stellt, im Hinblick auf den jüdischen Monotheismus, dessen dezentrierte Gründerfigur Moses ist (der Ägypter als das Andere des Ursprungs), das Christentum die Frage nach dem Verhältnis des Sohnes zum Gesetz, mit dem symbolischen Vatermord im Hintergrund. Für den zweiten richtet sich die im homosexuellen Begehren enthaltene gedankliche Kraft auf das Heraufkommen einer egalitären Menschheit, in der die Eintracht der Brüder die in den Institutionen inkarnierte erdrückende Symbolik der Väter (die Kirche oder die kommunistische Partei) zugunsten der Mutterliebe annulliert. Der Paulus Pasolinis ist im Übrigen zerrissen zwischen der Heiligkeit des Sohnes – die, angesichts dessen, was das Gesetz der Welt ist, an die Schande und den Tod gebunden ist – und dem Ideal der väterlichen Macht, das ihn veranlasst, zum Zweck der Beherrschung der Geschichte einen Zwangsapparat zu schaffen.

Für Paulus ist die Emergenz der Sohnesinstanz wesentlich an die Überzeugung gebunden, dass der »christliche Diskurs« absolut *neu* ist. Die Formel, wonach uns Gott seinen Sohn geschickt hat, bedeutet zunächst eine Intervention in der Geschichte, die bewirkt, dass diese nicht mehr von einem transzendenten Kalkül gemäß den Gesetzen einer Dauer regiert, sondern, wie Nietzsche sagen wird, »in zwei Stücke« gebrochen wird. Die Sendung (die Geburt) des Sohnes benennt diesen Bruch. Wenn der Sohn und nicht der Vater die Referenz ist, dann heißt das, dass wir uns keinem Diskurs mehr anvertrauen sollen, der auf die Form der Herrschaft Anspruch erhebt.

Dass der Diskurs derjenige des Sohnes zu sein hat, will sagen, dass er weder judenchristlich (prophetische Herrschaft) noch griechenchristlich (philosophische Herrschaft) sein und auch nicht aus einer Synthese von beiden bestehen soll. Einer Synthese der Diskurse eine Diagonale entgegenzustellen, ist ein bleibendes Anliegen des Paulus. Es ist Johannes, der, indem er aus dem Logos ein Prinzip macht, das Christentum synthetisch in den Raum des griechischen Logos einschreiben und auf den Antijudaismus festlegen wird. Dies ist in keiner Weise die Sache des Paulus. Für ihn kann der christliche Diskurs dem Sohn nur treu bleiben, indem er, zur jüdischen Prophetie und zum griechischen Logos gleichen Abstand haltend, eine dritte Figur zeichnet.

Dieser Versuch bringt zwangsläufig eine gewisse Degradierung der Figur des Herren mit sich. Und weil es zwei Figuren des Herren gibt – den griechischen Herren, der sich auf den Kosmos beruft, den Herren aus Weisheit, und den, der sich auf die Macht der Ausnahme beruft, den Herren des Buchstabens und der Zeichen, den jüdischen Herren –, wird Paulus weder ein Prophet noch ein Philosoph sein. Seine Triangulation ist die: Prophet, Philosoph, Apostel.

Was bedeutet »Apostel« (ἀπόστολος) genau? In jedem Fall nichts Empirisches oder Historisches. Um Apostel zu sein, ist es nicht erforderlich, dass man ein Gefährte des Christus war, ein Zeuge des Ereignisses. Paulus, der nur durch sich selbst autorisiert ist, der, wie er formuliert, »berufen zum Apostel« ist, weist ausdrücklich die Prätention derer zurück, die unter Berufung auf das, was sie waren und was sie gesehen haben, sich für Garanten der Wahrheit halten. Er nennt sie »die, die das Ansehen hatten«, ein Ansehen, das ihn offenbar nicht sonderlich beeindruckt. Und er fügt hinzu: »Wer immer sie einst gewesen sind, daran liegt mir nichts; denn Gott achtet das Ansehen der Menschen nicht« (Gal. 2, 6). Ein Apostel ist weder ein Zeuge von Tatsachen noch ein Gedächtnis.

In einer Zeit, da man uns überall das »Gedächtnis« als Wahrer des Sinns anpreist und die Politik durch das historische Bewusstsein ersetzen will, ist die Stärke des paulinischen Standpunkts unverkennbar. Kein Gedächtnis nämlich hält auch nur irgendjemanden davon ab, die Zeit, einschließlich der Vergangenheit, nach seinem gegenwärtigen Gutdünken zu interpretieren. Ich bezweifle nicht, dass man sich der Vernichtung der Juden oder der Taten der Widerstandskämpfer erinnern muss.

Ich stelle aber fest, dass es manische Neonazis gibt, die für ihre Lieblingsepoche ein Sammlergedächtnis haben, die sich der Nazi-Untaten genau erinnern, sich daran ergötzen und auf Wiederkehr hoffen. Ich sehe informierte Leute, sogar Historiker, die aus ihrem Erinnern der Okkupation und aus den von ihnen angehäuften Dokumenten den Schluss ziehen, dass Pétain viele Verdienste hatte. Das zeigt offensichtlich, dass das »Gedächtnis« keine Frage entscheidet. Es gibt immer einen Moment, da man im eigenen Namen aussprechen muss, dass das, was stattgefunden hat, stattgefunden hat, und es zu tun, weil das, was man bezüglich der *aktuellen* Möglichkeiten einer Situation ins Auge fasst, es verlangt. Das ist die Überzeugung des Paulus: in seinen Augen ist der Streit um die Auferstehung so wenig ein Streit unter Historikern und Zeugen wie es in meinen der um die Existenz von Gaskammern ist. Man soll nicht nach Beweisen und Gegenbeweisen rufen. Man soll nicht mit gelehrten Antisemiten diskutieren, die im Herzen Nazis sind und unwiderleglich »beweisen«, dass kein Jude unter Hitler misshandelt wurde.

Dem ist jedoch hinzuzufügen, dass die Auferstehung – hier endet offenkundig die Vergleichsmöglichkeit – nicht, auch für Paulus selbst nicht, der Ordnung des Faktischen, des Falsifizier- oder Beweisbaren, angehört. Sie ist reines Ereignis, Eröffnung einer Epoche, Veränderung der Beziehungen zwischen Möglichem und Unmöglichem. Denn anders als ein partikulares oder mirakulöses Faktum ist die Auferstehung Christi nicht an sich von Interesse. Ihr wahrer Sinn besteht darin, dass sie den möglichen Sieg über den Tod bezeugt, jenen Tod, den Paulus, wie wir sehen werden, nicht als Faktizität, sondern als subjektive Disposition auffasst. Daher ist die Auferstehung beständig mit *unserer* Auferstehung zu verbinden, muss man von der Singularität zur Universalität gehen und wieder zurück: »Denn wenn die Toten nicht auferstehen, so ist Christus auch nicht auferstanden. Ist Christus aber nicht auferstanden, so ist euer Glaube nichtig« (1. Kor. 15, 16 f.). Anders als die Tatsache ist das Ereignis nur an der universalen Mannigfaltigkeit messbar, deren Möglichkeit es vorschreibt. In diesem Sinn ist es nicht Geschichte, sondern Gnade.

Der Apostel ist dann der, der diese Möglichkeit benennt (das Evangelium, die frohe Botschaft, ist nichts anderes als das: wir *können* den Tod besiegen). Sein Diskurs betrifft die reine Treue zur Möglichkeit, die das Ereignis eröffnet hat. Dieser Diskurs kann also (und das ist die Pointe der paulinischen Antiphilosophie) in keiner Weise dem Wissen angehören. Der Philosoph kennt die ewigen Wahrheiten, der Prophet kennt den univoken Sinn dessen, was kommen wird (selbst wenn er ihn nur figural und in Zeichen freilegt). Der Apostel aber, der eine unerhörte Möglichkeit, die selbst von einer ereignishaften Gnade abhängt, verkündet, weiß eigentlich nichts. Wenn es um subjektive Möglichkeiten geht, ist die Prätention zu wissen ein Schwindel: »Wenn sich jemand dünken lässt, er wisse etwas (ἐγνωκέναι τι), der weiß noch nicht, wie man erkennen soll« (1. Kor. 8, 2). Wie aber soll man als Apostel erkennen? Gemäß der Wahrheit eines Bekenntnisses und seiner Konsequenzen, einer Wahrheit, welche, da unbewiesen und nicht sichtbar, an dem Punkt auftritt, wo das Wissen, sei es empirisch oder konzeptuell, versagt. Wenn Paulus vom Standpunkt des Heils den christlichen Diskurs kennzeichnet, wird er umstandslos aussprechen, dass »die Erkenntnis (γνῶσις) aufhören wird« (1. Kor. 13, 8).

Der Text, in dem die Züge jenes christlichen Diskurses, der die subjektive Figur des Apostels induziert, im Zeichen eines ereignisbedingten Verschwindens der Tugenden des Wissens zusammengefasst werden, findet sich im ersten Korintherbrief:

> Denn Christus hat mich nicht gesandt zu taufen, sondern das Evangelium zu predigen; nicht mit klugen Worten, auf dass nicht das Kreuz Christi zunichte werde. Denn das Wort vom Kreuz ist eine Torheit denen, die verloren werden; uns aber, die wir selig werden, ist's eine Gotteskraft. Denn es steht geschrieben: »Ich will zunichte machen die Weisheit der Weisen, und den Verstand der Verständigen will ich verwerfen.« Wo sind die Klugen? Wo sind die Schriftgelehrten? Wo sind die Weltweisen? Hat nicht Gott die Weisheit dieser Welt zur Torheit gemacht?
>
> Denn weil die Welt durch ihre Weisheit Gott in seiner Weisheit nicht erkannte, gefiel es Gott wohl, durch törichte Predigt zu retten, die daran glauben. Denn die Juden fordern Zeichen, und die Griechen fragen nach Weisheit, wir aber predigen den gekreuzigten Christus, den Juden ein Ärgernis und den Griechen eine Torheit; denen aber,

die berufen sind, Juden und Griechen, predigen wir Christus als göttliche Kraft und göttliche Weisheit. Denn die göttliche Torheit ist weiser, als die Menschen sind, und die göttliche Schwachheit ist stärker, als die Menschen sind. Sehet an, liebe Brüder, eure Berufung: nicht viele Weise nach dem Fleisch, nicht viele Gewaltige, nicht viele Edle sind berufen. Sondern was töricht ist vor der Welt, das hat Gott erwählt, damit er die Weisen zuschanden mache; und was schwach ist vor der Welt, das hat Gott erwählt, damit er zuschanden mache, was stark ist; und das Unedle vor der Welt und das Verachtete hat Gott erwählt, das da nichts ist, damit er zunichte mache, was etwas ist, damit sich vor Gott kein Fleisch rühme. (1. Kor. 1, 17-29)

Die Verkündigung des Evangeliums geschieht ohne die Weisheit der Sprache, »auf dass nicht das Kreuz Christi zunichte werde«. Was bedeutet es, wenn das Ereignis, für welches das Kreuz das Zeichen ist, zunichte wird? Es bedeutet ganz einfach, dass dieses Ereignis so beschaffen ist, dass der philosophische Logos es auszusprechen nicht imstande ist. Dahinter steht die These, dass ein Ereignis nicht zuletzt an dem Phänomen erkennbar ist, ein Punkt des Realen zu sein, *vor dem die Sprache versagt.* Dieses Versagen ist für den griechischen Diskurs, der ein Diskurs der Vernunft ist, Torheit (μωρία), und ein Ärgernis (σκάνδαλον) für den jüdischen, der ein Zeichen der göttlichen Macht verlangt und im Christus nichts sieht als Schwäche, Niedrigkeit und verächtliche Schicksale. Was die Erfindung eines neuen Diskurses und einer neuen Subjektivität, die weder philosophisch noch prophetisch ist, zwingend macht, ist eben, dass das Ereignis nur um den Preis einer solchen Erfindung in der Sprache Aufnahme und Dasein findet. Für die bestehenden Sprachen ist es unannehmbar, weil es im eigentlichen Sinn unnennbar ist.

Von einem ontologischeren Standpunkt her ist zu sagen, dass der christliche Diskurs weder den Gott der Weisheit (denn Gott hat die törichten Dinge erwählt), noch den der Macht autorisiert (denn Gott hat die schwachen und elenden Dinge erwählt). Aber was die beiden traditionellen Bestimmungen vereint und ihre Zurückweisung begründet, liegt noch tiefer. Weisheit und Macht sind die Attribute Gottes ebenso wie solche des Seins. Gott wird die souveräne Vernunft oder die Regierung des Welt- und Menschenschicksals exakt in dem Maß genannt, wie einerseits der reine Intellekt der äußerste von einer Weisheit angebbare Seinspunkt ist und andererseits die universale Macht dasjenige, was in Form unzähliger Zeichen im menschlichen Werden verteilt oder geltend gemacht werden kann – Zeichen, die solche des Seins und die zugleich jenseits der Wesen situiert sind. Das Christusereignis nötigt also in der Logik des Paulus zu der Aussage, *dass Gott nicht der Gott des Seins, dass er nicht das Sein ist*. Paulus befiehlt eine vorweggenommene Kritik dessen, was Heidegger die Ontotheologie nennt, in der Gott als das höchste Seiende und mithin als das Maß dessen gedacht wird, wozu das Sein als solches befähigt ist.

Die radikalste Aussage des von uns kommentierten Texts ist in der Tat die: »Gott hat die Dinge erwählt, die nicht sind (τὰ μὴ ὄντα), damit er die, die sind (τὰ ὄντα), zunichte mache.« Dass das Christusereignis sich aufs Nichtseiende statt aufs Seiende als Bezeugung Gottes beruft; dass eine Verleugnung all dessen stattfindet, was alle bisherigen Diskurse als existent oder seiend erklären, gibt einen Begriff vom Ausmaß der ontologischen Subversion, zu der die paulinische Antiphilosophie den Bekenner oder den Kämpfer auffordert.

Die Erfindung einer Sprache, in der Torheit, Ärgernis und Schwäche an die Stelle der erkennenden Vernunft, der Ordnung und der Macht treten, in der das Nichtsein die einzige glaubhafte Bestätigung des Seins ist – diese Erfindung ist es, in der sich der christliche Diskurs artikuliert. Für Paulus ist diese Artikulation unvereinbar mit jedweder Perspektive einer »christlichen Philosophie« (sie wird freilich nicht ausbleiben, fast noch zu seinen Lebzeiten).

Der paulinische Standpunkt hinsichtlich der Neuheit des christlichen Diskurses gegenüber allen Formen des Wissens, hinsichtlich der Unvereinbarkeit von Christentum und Philosophie, ist so radikal, dass er selbst Pascal irritiert. Auch Pascal, die andere große Figur der Antiphilosophie, der das christliche Subjekt unter den modernen Bedingungen des Subjekts des Wissens identifizieren will, der Descartes brandmarkt (»nutzlos und ungewiss«), der ausdrücklich dem Gott der Philosophen und Gelehrten den Gott

Abrahams, Isaaks und Jakobs entgegenstellt – auch ihm gelingt es nicht, Paulus zu verstehen.

Nehmen wir zum Beispiel das Fragment 547 der *Pensées*:

> Nur durch Jesus Christus kennen wir Gott. Ohne ihn als Mittler ist jede Gemeinschaft mit Gott ausgelöscht; durch Jesus Christus kennen wir Gott. Alle, die vorgaben, Gott ohne Jesus Christus kennen und ohne Jesus Christus beweisen zu können, hatten nur machtlose Beweise. Aber um Jesus Christus zu beweisen, haben wir die Prophezeiungen, die zuverlässige und handgreifliche Beweise sind. Da diese Prophezeiungen erfüllt und durch das Eintreffen wirklich bewiesen sind, sind sie Kennzeichen der Gewissheit dieser Wahrheiten und mithin Beweis für die Göttlichkeit Jesu Christi. In ihm und durch ihn kennen wir folglich Gott. Sonst und ohne die Schrift, ohne die Erbsünde, ohne den notwendig verheißenen und erschienenen Mittler kann man weder Gott wirklich beweisen, noch wahre Lehre, noch wahre Sittlichkeit lehren. Durch Jesus Christus und in Jesus Christus aber beweist man Gott und lehrt man die Sittlichkeit und die Lehre. Folglich ist Jesus Christus der wirkliche Gott der Menschen. Aber zugleich kennen wir unser Elend; denn dieser Gott ist nichts als Erlöser von unserem Elend. Also können wir Gott nur wahrhaft kennen, wenn wir unsere Verderbtheit kennen; und die, die Gott gekannt haben, ohne von ihrem Elend zu wissen, haben nicht seinem Ruhm gedient, wohl aber sich ihres Wissens gerühmt. *Quia non cognovit per sapientiam, placuit Deo per stultitiam praedicationis salvos facere.*

Dieser Text lässt ohne weiteres die Gemeinsamkeiten, die zwischen Pascal und Paulus bestehen, erkennen: die Überzeugung, dass das fundamentale Bekenntnis den Christus betrifft. Dann aber wird eine doppelte Divergenz erkennbar.

1. Was bei Paulus völlig fehlt, ist das Thema der Vermittlung. Der Christus ist keine Vermittlung, ist nicht der Umweg, den wir einschlagen müssen, um Gott zu *erkennen*. Jesus Christus ist das reine Ereignis, und als solches ist er keine Funktion, sei es eine der Erkenntnis oder eine der Offenbarung.

Hier liegt ein tiefes, allgemeines Problem: lässt sich das Ereignis als eine Funktion oder eine Vermittlung begreifen? Diese Frage hat, nebenbei gesagt, die gesamte Epoche der revolutionären Politik durchzogen. Für viele ihrer Gläubigen ist die Revolution nicht das, was geschieht, sondern das, was geschehen muss, damit etwas anderes da ist; sie ist die Vermittlung des Kommunismus, das Moment des Negativen. So ist auch für Pascal der Christus eine Figur, die vermittelt, damit wir nicht in Hilflosigkeit und Unwissenheit verbleiben. Für Paulus dagegen, ebenso wie für die, welche die Revolution für eine sich selbst genügende Abfolge der politischen Wahrheit halten, ist er eine *Ankunft*, ist er das, was das bisherige Regime der Diskurse unterbricht. An sich und für sich ist der Christus das, *was uns geschieht*. Und was ist es, was uns so geschieht? Dass wir des Gesetzes enthoben sind. Die Idee der Vermittlung aber ist noch legal, sie einigt sich noch mit der Weisheit, mit der Philosophie. Diese Frage ist für Paulus entscheidend, denn erst vom Gesetz entbunden wird man wahrhaft ein Sohn. Und ein Ereignis ist falsifiziert, wenn es nicht zum Ursprung eines universalen Sohn-Werdens wird. Durch das Ereignis treten wir ein in die Gleichheit der Söhne. Für Paulus ist man entweder Sklave oder Sohn. Mit Sicherheit hätte er in der Pascalschen Idee der Vermittlung noch eine Fesselung an die Legalität des Vaters und mithin eine stillschweigende Verneinung der ereignishaften Radikalität erkannt.

2. Nur zögernd gibt Pascal zu, dass der christliche Diskurs einer der Schwäche, der Torheit, des Nichtseienden ist. Paulus spricht von der »törichten Predigt«, Pascal übersetzt mit »Erkenntnis unseres Elends«. Dies ist jedoch kein paulinisches Thema, denn das Elend ist für Paulus immer eine Unterwerfung unters Gesetz. Die Pascalsche Antiphilosophie ist also *klassisch*, insofern sie noch an die Bedingungen der Erkenntnis gebunden bleibt. Für Paulus dagegen geht es nicht um eine Frage der Erkenntnis, sondern um die Einsetzung eines Subjekts. Kann es ein anderes Subjekt, einen anderen subjektiven Weg geben als den uns bekannten, den Paulus den subjektiven Weg des Fleischs nennt? Dies ist die einzige Frage, die kein Protokoll der Erkenntnis entscheiden kann.

Wenn es Pascal darum geht, den modernen Freigeist zu überzeugen, ist er besessen von der Frage der Erkenntnis. Seine Strategie verlangt, dass man die Überlegenheit der christlichen Religion vernünftig *beweisen* kann. Insbesondere hinsichtlich der Ankunft

Christi ist nachzuweisen, dass das Ereignis die Prophezeiungen erfüllt, dass das Neue Testament (im Sinne der Lehre vom offenbaren und verborgenen Schriftsinn) die rationale Entzifferung des Alten autorisiert und dass umgekehrt das Alte Testament seine Kohärenz aus dem bezieht, was in ihm aufs Neue verweist.

Paulus dagegen hätte in der Pascalschen Theorie des Zeichens und des doppelten Schriftsinns ein unannehmbares Zugeständnis an den jüdischen Diskurs gesehen; ebenso wie er in der probabilistischen Argumentation der Wette und den dialektischen Überlegungen über die beiden Unendlichkeitsbegriffe ein unannehmbares Zugeständnis an den philosophischen Diskurs gesehen hätte. Denn das Ereignis ist für Paulus nicht gekommen, um etwas zu beweisen; es ist reiner Beginn. Die Auferstehung Christi ist weder ein Argument noch eine Erfüllung. Für Pascal kommt die Erkenntnis an der Stelle, wo für Paulus nur der Glaube besteht. Daraus ergibt sich, dass er anders als Paulus Wert darauf legt, die christliche »Torheit« durch ein klassisches Weisheitsdispositiv aufzuwiegen:

> Unsere Religion ist sowohl weise als Torheit. Weise, weil sie die wissendste und die in Wundern, Weissagungen begründetste ist. Torheit, weil nichts von alledem bewirkt, dass man ihr zugehört. Das ist nur, damit die verdammt seien, die nicht glauben, nicht aber, damit die glauben, die ihr gehören. Der Grund, dass sie glauben ist das Kreuz, *ne evacuata sit crux*. Und deshalb sagt Paulus, der in Weisheit und Wundern gekommen ist, dass er weder in Weisheit noch in Wundern gekommen sei, denn er kam, um zu verwandeln. Aber die, die kommen, um zu überzeugen, die können sagen, dass sie in Weisheit und Zeichen kämen. (Fragment 588)

Dies ist ein vollendetes, ganz und gar unpaulinisches Beispiel der Pascalschen Technik. Wir könnten sie den ausgewogenen Widerspruch nennen. Pascal stellt Bekehrung und Überzeugung gegeneinander. Zwar muss man, um zu bekehren, auf Seiten der Torheit stehen, der Kreuzespredigt, aber um zu überzeugen, muss man sich im Element des Beweises aufhalten (Wunder, Prophezeiungen etc.). Für Pascal verheimlicht Paulus seine wahre Identität. Er arbeitet mit Zeichen und Weisheit, aber, weil er bekehren will, ohne es zuzugeben.

Diese Paulus-Rekonstruktion zeigt, dass Pascal angesichts des paulinischen Radikalismus zögert. Denn Paulus verwirft ausdrücklich die dem jüdischen Diskurs angehörenden Zeichen ebenso wie die dem griechischen Diskurs angehörende Weisheit. Er stellt sich dar als der, der eine diesen beiden entzogene subjektive Figur entfaltet. Das will sagen, dass weder die Wunder noch die vernünftige Exegese der Prophetien noch die Ordnung der Welt von Bedeutung sind, wenn es um die Einsetzung des christlichen Subjekts geht. Für Pascal dagegen befinden sich Wunder und Prophetie im Kern der Frage: »Im Widerspruch zu den Wundern kann man nicht vernunftgemäß glauben« (Fragment 815); »Der überzeugendste Beweis für Jesus Christus sind die Prophezeiungen« (Fragment 706). Ohne Prophetien und Wunder stünden wir ohne Beweis da, und die Überlegenheit des Christentums könnte vor dem Tribunal der Vernunft nicht bestehen, was bedeutet, dass wir keinerlei Aussicht hätten, den modernen Freigeist zu überzeugen.

Für Paulus ist es dagegen eben das Fehlen von Beweisen, welches den für das christliche Subjekt konstitutiven Glauben erzwingt.

Der Gedanke, dass das Christusereignis die Verwirklichung der Prophetien wäre, ist in der gesamten paulinischen Predigt praktisch nicht vorhanden. Der Christus ist in einem sehr genauen Sinn unkalkulierbar.

Bei den Wundern lässt sich der kluge Politiker, der Paulus ist, nicht dazu verleiten, ihre Existenz abzustreiten. Gelegentlich unterlaufen ihm sogar Andeutungen, er sei wie seine Rivalen, die Thaumaturgen, auch welche zu tun imstande. Wenn er wollte, könnte auch er sich übernatürlicher Entrückungen rühmen. Aber das tut er nicht, sondern stellt im Gegenteil die Schwäche des Subjekts und das Fehlen von Zeichen und Beweisen als den höchsten Beweis heraus. Die entscheidende Stelle ist 2. Kor. 12, 1-10:

> Gerühmt muss werden, wenn's auch nichts nütze ist. So will ich kommen auf die Gesichte und Offenbarungen des Herrn. Ich kenne einen Menschen in Christus; vor vierzehn Jahren (...) da ward der-

> selbe entrückt bis an den dritten Himmel (...) und hörte unaussprechliche Worte, welche ein Mensch nicht sagen darf. (...) Wenn ich mich rühmen wollte, täte ich darum nicht töricht; denn ich würde die Wahrheit sagen. Ich enthalte mich aber dessen, auf dass nicht jemand mich höher achte, als er an mir sieht oder von mir hört. (...) Und [der Herr] hat zu mir gesagt: Lass dir an meiner Gnade genügen; denn meine Kraft ist in den Schwachen mächtig. Darum will ich mich am allerliebsten rühmen meiner Schwachheit, auf dass die Kraft Christi bei mir wohne (...) Denn wenn ich schwach bin, so bin ich stark.

Wie man sieht, existieren die Wunder für Paulus, und sie haben ihn beschäftigt. Sie zeichnen eine ganz bestimmte subjektive Figur, die des Menschen, der »entrückt« und vielleicht schon zu Lebzeiten zum Verlassen seines Körpers berufen ist. Aber diese Figur ist es gerade nicht, die der Apostel vertritt. Der Apostel kann verantwortlich sein nur für das, was die anderen sehen und hören, nämlich für sein Bekenntnis. Er darf seine Person nicht rühmen im Namen jenes anderen Subjekts, das den Dialog mit Gott geführt hat und das wie ein Anderer in ihm selbst ist (»Ich werde mich eines solchen Menschen rühmen, meiner selbst aber werde ich mich nicht rühmen, es sei denn meiner Schwachheit«). Der christliche Diskurs darf ein für alle Mal nicht der des Wunders sein, sondern der der Überzeugung, die eine Schwäche durchdringt.

Beiläufig sei bemerkt, dass Paulus gewissermaßen die Hohlform eines vierten Diskurses aufzeigt, der neben dem griechischen (der Weisheit), dem jüdischen (der Zeichen) und dem christlichen (dem Bekenntnis zum Ereignis) möglich ist. Dieser Diskurs, den Pascal an den Tag der klassischen Vernunft zu bringen sich bemüht, wäre der des Wunders, und Paulus benennt ihn: es ist der subjektive Diskurs des Rühmens. Es ist der Diskurs des Unaussprechlichen, der Diskurs vom Nicht-Diskurs. Es ist das Subjekt als mystische und schweigende Intimität, die von den »unaussprechlichen Worten« (ἄρρητα ῥήματα, besser übersetzt mit »unsagbare Aussprüche«) des vom Wunder entrückten Subjekts bewohnt ist. Aber diese vierte subjektive Figur, die den Apostel spaltet, darf ins Bekenntnis, das sich im Gegenteil offenkundig ruhmlos von der

Schwäche nährt, nicht eingehen. Sie bleibt im Hintergrund, und anders als Pascal ist Paulus davon überzeugt, dass der christliche Diskurs durchs Rühmen nichts gewinnt. Der vierte (mirakulöse oder mystische) Diskurs muss *unausgesprochen* bleiben. Das will sagen, dass er ins Feld der Predigt nicht eintreten kann. Paulus ist also letztlich rationalistischer als Pascal: den Standpunkt des Bekenntnisses durchs Prestige des Wunders rechtfertigen zu wollen, ist vergeblich.

Der vierte Diskurs wird für Paulus eine stumme Ergänzung bleiben, die auf den Anteil des Anderen im Subjekt beschränkt bleibt. Der ausgesprochene Diskurs, der des Bekenntnisses und des Glaubens, soll sich nicht auf einen unausgesprochenen, dessen Substanz ein unsagbares Sagen ist, als Argument berufen.

Ich glaube, dass hier für jeden, der ein Kämpfer im Dienst einer Wahrheit ist, ein wichtiger Hinweis liegt. Der Versuch, ein Bekenntnis durch die intime Ressource einer mirakulösen Kommunikation mit der Wahrheit zu legitimieren, ist niemals gerechtfertigt. Überlassen wir die Wahrheit ruhig ihrer subjektiven »Stimmlosigkeit«, denn nur die Arbeit ihres Bekennens ist es, die sie konstituiert.

Jeden ausgesprochenen Diskurs, der sich durch einen nicht ausgesprochenen autorisieren will, nenne ich »obskurantistisch«. Und wenn Pascal die Überlegenheit des Christentums auf die Wunder gründen will, dann ist er offenkundig obskurantistischer als Paulus, denn er will zweifellos das reine Ereignis hinter der (für den Freigeist bestehenden) Faszination eines Chancenkalküls verstecken.

Es ist offensichtlich auch eine gewisse List im Spiel, wenn Paulus, ohne es auszunützen, aber auch ohne es zu verschweigen, durchblicken lässt, dass er innerlich zwischen dem Mann des Rühmens, dem »entrückten« Subjekt, und dem Mann des Bekenntnisses und der Schwachheit gespalten ist. Unbestreitbar aber gibt es bei ihm – und damit steht er unter den anerkannten Aposteln allein – eine antiobskurantistische Dimension der Ethik. Denn Paulus untersagt der christlichen Verkündigung, mit dem Unaussprechlichen zu argumentieren. Er lässt nicht zu, dass das christliche Subjekt sein Sagen aufs Unsagbare gründet.

Paulus hegt die tiefe Überzeugung, dass die Schwachheit nicht durch eine verborgene Kraft aufhebbar ist. Die Macht erfüllt sich in der Schwachheit selbst. Die Ethik des Diskurses, kann man sagen, besteht für Paulus darin, den dritten Diskurs (das öffentliche Bekennen des Christusereignisses) niemals mit dem vierten (der Glorifizierung des in seiner Intimität vom Wunder heimgesuchten Subjekts) zu verbinden.

Diese Ethik ist tief kohärent. Angenommen nämlich, ich argumentiere (wie Pascal) mit dem vierten Diskurs (»Freude, Tränen der Freude ...«) und mithin mit dem intim-unsagbaren Sagen, um den dritten Diskurs (den des christlichen Glaubens) zu legitimieren, *so falle ich unweigerlich in den zweiten Diskurs zurück*, den jüdischen, den des Zeichens. Denn was ist eine Prophetie, wenn nicht ein Zeichen dessen, was kommen wird? Und was ein Wunder, wenn nicht ein Zeichen für die Transzendenz des Wahren? Indem er dem vierten Diskurs nur einen reservierten und inaktiven Platz einräumt, bewahrt Paulus die radikale Neuheit der christlichen Verkündigung davor, in die Logik der Zeichen und Beweise zurückzufallen.

Unerschütterlich vertritt Paulus den kämpferischen Diskurs der Schwachheit. Das Bekennen wird keine andere Kraft haben als die, die es bekennt, und wird auf die Überzeugung, die sich aufs Prestige des prophetischen Kalküls, der mirakulösen Ausnahme oder der unaussprechlichen inneren Offenbarung stützt, verzichten. Nicht die Singularität des Subjekts ist es, die dem, was es sagt, Gewicht verleiht; vielmehr begründet, was es sagt, die Singularität des Subjekts.

Pascal dagegen optiert simultan für die beweiskräftige Exegese, für die Gewissheit der Wunder und für das intime Erleben. Er kann den Beweis, im existentiellen Sinn des Worts, nicht entbehren, denn er ist ein Klassiker und seine Frage ist die des christlichen Subjekts in der Epoche der positiven Wissenschaft.

Die paulinische Antiphilosophie jedoch ist nicht klassisch, denn sie nimmt an, dass es keinen Beweis gibt, nicht einmal einen mirakulösen. Die Überzeugungskraft des Diskurses gehört einer anderen Ordnung an, und sie ist imstande, die Form des Raisonnements zu zerbrechen:

> Denn die Waffen, mit denen wir kämpfen, sind nicht fleischlich, sondern mächtig im Dienste Gottes, zu zerstören Befestigungen. Wir zerstören damit Anschläge und alles Hohe, das sich erhebt wider die Erkenntnis Gottes, und nehmen gefangen alle Gedanken unter den Gehorsam Christi. (2. Kor. 10, 4-5)

Dieses Regime des Diskurses ohne Beweis, ohne Mirakel, ohne beweiskräftige Zeichen, diese Sprache des nackten Ereignisses, die als einzige das Denken gefangen nimmt, ist es, mit der die großartige und berühmte Metapher zusammenstimmt, die sich im Zweiten Korintherbrief 4, 7, findet: »Wir haben aber solchen Schatz in irdenen Gefäßen, auf dass die überschwängliche Kraft sei Gottes und nicht von uns.«

Der Schatz ist nichts anderes als das Ereignis selbst, ein Stattgefundenhaben, das durch und durch prekär ist. Er muss mit Demut getragen werden, in einer Unsicherheit, die von derselben Art ist. Der dritte Diskurs muss sich in der Schwäche erfüllen, denn darin liegt seine Stärke. Er wird weder Logos sein noch Zeichen noch Entrückung durchs Unsagbare. Er wird die ärmliche Rohheit öffentlichen Handelns haben, des nackten Bekennens, das kein anderes Prestige kennt als seinen realen Inhalt. Es wird nur das geben, was jeder sehen und hören kann. Das bedeutet das irdene Gefäß.

Wer immer das Subjekt einer Wahrheit ist (einer Wahrheit der Liebe, der Kunst, der Wissenschaft oder der Politik), weiß in der Tat, dass er einen Schatz trägt, dass er von einer unendlichen Macht durchdrungen ist. Allein von seiner subjektiven Schwachheit hängt es ab, ob diese so prekäre Wahrheit fortfährt, sich zu entfalten, oder nicht. Tatsächlich scheint er sie bloß in einem Tongefäß zu tragen, wenn er Tag für Tag mit Taktgefühl und Klugheit dem Imperativ nachkommt, nichts zu Bruch gehen zu lassen. Denn wenn das Gefäß zerbricht und der Schatz, den es enthält, in Rauch aufgeht, dann zerbricht auch er, das Subjekt, der Herold, der anonyme Träger.

Kapitel V

Die Teilung des Subjekts

Wenn Paulus behaupten kann, dass es unter der Bedingung des Christusereignisses die Wahl gegeben hat zwischen nichtseienden und seienden Dingen, dann zeigt das exemplarisch, dass der christliche Diskurs in seinen Augen in einer absolut neuen Beziehung zu seinem Gegenstand steht. Es handelt sich um eine andere Figur des Realen. Diese wird sich durch die Offenbarung entfalten, dass das, was das Subjekt in seiner Beziehung zu diesem neuartigen Realen konstituiert, nicht seine Einheit ist, sondern seine Teilung. Denn *ein* Subjekt ist in Wirklichkeit die Verflechtung *zweier* subjektiver Wege, welche Paulus das Fleisch (σάρξ) und den Geist (πνεῦμα) nennt. Und das Reale wird, insofern es irgend von den beiden Wegen, die das Subjekt konstituieren, »beschlagnahmt« wird, unter zwei Namen dekliniert: dem Tod (θάνατος) oder dem Leben (ζωή). Soweit das Reale das ist, was in einem subjektivierenden Denken gedacht wird, kann man also – in einem schwierigen und zentralen Aphorismus – sagen: »τὸ γὰρ φρόνημα τῆς σαρκὸς θάνατος, τὸ δὲ φρόνημα τοῦ πνεῦματος ζωή« (Röm. 8, 6), was man, so schwer die Identifikation des Todes mit einem Denken auch fällt, ohne Umschweife so übersetzen sollte: »Das Denken des Fleischs ist Tod, das Denken des Geistes ist Leben.«

Nach der jahrhundertelangen platonisierenden (und also griechischen) Reprise, die dieses Motiv erlebt hat, ist es fast unmöglich geworden, einen gleichwohl kapitalen Punkt zu verstehen: *die Opposition von Geist und Fleisch hat nichts zu tun mit der von Seele und Körper.* Beide sind sie vielmehr Gedanken, die ihr Reales unter entgegengesetzten Namen identifizieren. Wenn Paulus, an sein Dasein als Verfolger vor seiner Bekehrung erinnernd, sagen kann, »dass das Gebot mir zum Tode gereichte, das mir doch zum Leben gegeben war« (Röm. 7, 10), dann heißt das, dass eine subjektive Maxime stets zweifach verstanden werden kann, nach dem Fleisch oder nach dem Geist, ohne dass irgendeine substantielle Distinktion griechischen Typs (Seele und Körper, Denken und Sinnlichkeit etc.) dazu beitragen könnte, die subjektive Verflechtung aufzulösen. Es gehört zum Wesen des christlichen Subjekts, dass es durch seine Treue zum Christusereignis in zwei Wege geteilt ist, die jedes Subjekt im Denken affizieren.

Die Theorie der subjektiven Teilung disqualifiziert, was die anderen Diskurse als ihr Objekt identifizieren. Sie ist, in Form der Ereignishaftigkeit des Realen, die Aufrichtung eines *anderen* Objekts.

Im griechischen Diskurs ist das Objekt die endliche kosmische Totalität als Aufenthalt des Denkens. Das Reale verursacht das (philosophische) Begehren, den Ort adäquat einzunehmen, der einem zugeteilt ist und dessen Prinzip das Denken wieder ergreifen kann. Was das Denken als eigentlich real identifiziert, ist ein Ort, ein Aufenthalt, von dem der Weise weiß, dass er ihm zustimmen muss.

Für Paulus dagegen verweist das Christusereignis, das die kosmische Totalität zerschneidet und auflöst, gerade auf die Nichtigkeit der Orte. Wo das Subjekt seine Schwachheit ausbildet, erweist sich das Reale vielmehr als Verlust jedes Orts: »Wir sind geworden wie der Abschaum der Welt jedermanns Kehricht, bis heute.« (1. Kor. 4, 13) Man muss also die Subjektivität des Verlusts annehmen, und eben angesichts dieser Erniedrigung entsteht das Objekt des christlichen Diskurses.

Man bemerkt hier den Gleichklang mit bestimmten Lacanschen Themen, die die Ethik des Analytikers betreffen: auch dieser muss sich, damit der Analysand ein Zusammentreffen mit seinem Realen aushält, am Ende der Therapie bereitfinden, die Position des Abfalls einzunehmen – wodurch er, wie Lacan bemerkt, sich der Heiligkeit nähert.

Für den jüdischen Diskurs ist das Objekt erwählungsbedingte Zugehörigkeit, exzeptioneller Bund Gottes mit seinem Volk. Das gesamte Reale ist geprägt vom Siegel dieses Bundes, und es wird gesammelt und offenbart in der Beachtung des Gesetzes. Das Reale ist vom Gebot her disponiert. Die Ausnahme, von der es konstituiert wird, ist nur in der unvordenklichen Dimension des Gesetzes konzipierbar.

Für Paulus ist das Christusereignis heterogen zum Gesetz, ist reine Überschreitung einer jeden Vorschrift, ist Gnade ohne Begriff und angemessenen Ritus. Sowenig das Reale das ist, was an seinen Ort kommt oder zurückkommt (griechischer Diskurs), sowenig kann es das sein, was sich von einer erwählungsbedingten Ausnahme als zeitloses Gesetz im Stein verschriftlicht (jüdischer Diskurs). Durch Disqualifizierung des Regimes der Orte und der Totalität wird uns die »törichte Predigt« von der griechischen Weisheit dispensieren, so wie sie uns vom jüdischen Gesetz durch Disqualifizierung der Vorschriften und Riten dispensiert. Das reine Ereignis verständigt sich weder mit dem natürlichen Ganzen noch mit dem Imperativ des Buchstabens.

Aus der Sicht dessen, für den das Reale reines Ereignis ist, stellen griechischer und jüdischer Diskurs nicht mehr, wie noch im Werk von Lévinas, das Paradigma einer Grunddifferenz des Denkens dar. Das ist der springende Punkt der universalistischen Überzeugung des Paulus: die »ethnische« oder kulturelle Differenz, für welche die Opposition Jude-Grieche zu seiner Zeit und im Reich der Prototyp ist, verliert angesichts des Realen oder des neuen Objekts, das einen neuen Diskurs einrichtet, seine Signifikanz. Kein Reales unterscheidet mehr die beiden ersten Diskurse, und ihre Differenz verfällt der Rhetorik. Und Paulus erklärt, der Evidenz zum Trotz: »Es ist hier kein Unterschied zwischen Juden und Griechen« (Röm. 10, 12).

Sobald das Reale als Ereignis identifiziert ist und die Teilung des Subjekts einleitet, gilt allgemeiner, dass die Figuren des Abstands im Diskurs ungültig werden, weil die von ihnen ausgebildete Position des Realen in der Rückwirkung des Ereignisses illusorisch erscheint. Desgleichen sind aus der Sicht des Subjekts, das entsprechend den Wegen zur Erfassung des Realen, welche das Fleisch und der Geist sind, geteilt ist, die vom jüdischen Gesetz ebenso wie von der griechischen Weisheit induzierten »ethnischen« Subjekte disqualifiziert, weil sie an der Prätention eines *vollen* oder ungeteilten Subjekts festhalten, dessen einzelne Prädikate sich aufzählen ließen: die Genealogie, der Ursprung, das Territorium, die Riten etc.

Die Nicht-Differenz von Jude und Grieche zu bekennen, stellt die potentielle Universalität des Christentums her; das Subjekt als Teilung und nicht als die Bewahrung einer Tradition zu gründen, passt das subjektive Element an diese Universalität an, indem es den prädikativen Partikularismus der kulturellen Subjekte außer Kraft setzt.

Tatsächlich verlangt der Universalismus, verlangt die Existenz welcher Wahrheit auch immer mit Sicherheit das Aufgeben der hergebrachten Differenzen und die Ausbildung eines Subjekts, das durch die Herausforderung, die es darstellt, nichts anderem als dem verschwundenen Ereignis gegenüber zu stehen, in sich geteilt ist.

Die ganze Wette geht darum, dass ein Diskurs, der das Reale als reines Ereignis konfiguriert, konsistent sein kann. Ist das möglich? Paulus versucht, diesen Weg zu beschreiten.

Wir wiederholen, dass er das nur kann, indem er – nachdem das Ereignis, das ihm zufolge das Reale identifiziert, *nicht* real ist (denn die Auferstehung ist eine Fabel) – die Philosophie abschafft. Das ist es zweifellos, was ihn von den zeitgenössischen Antiphilosophen unterscheidet, die das sich ereignende Reale in der Sphäre der wirklichen Wahrheiten festmachen: Nietzsche in der »großen Politik«, Lacan im archi-szientifischen analytischen Akt, Wittgenstein in der mystischen Ästhetik. Daraus ergibt sich, dass die subjektive Position des Paulus gegenüber der Philosophie viel schroffer ist als der »therapeutische« Standpunkt der Modernen, die allesamt das Denken von der philosophischen Krankheit heilen wollen. Die paulinische These ist nicht, dass die Philosophie ein Irrtum ist, eine notwendige Illusion, ein Phantasma etc., sondern dass es für ihre Prätention keinen annehmbaren Ort mehr gibt. Der Diskurs der Weisheit ist definitiv obsolet. Das ist es, was die wie auch immer gefälschte Erzählung in der *Apostelgeschichte* vom Zusammentreffen des Paulus mit den griechischen Philosophen auf der Agora symbolisiert. Die Philosophen seien in Gelächter ausgebrochen, als Paulus in seiner Ansprache das einzig wichtige Reale, die Auferstehung nämlich, berührt habe. Dieses im Sinn des Antichristen nietzscheanische Lachen ist Ausdruck einer Disjunktion, nicht einer Opposition. Die disjunktive Formel ist die: »Denn die göttliche Torheit ist weiser, als die Menschen sind, und die göttliche Schwachheit ist stärker, als die Menschen sind.« (1. Kor. 1, 25) Der Vorrang der Torheit vor der Weisheit, der Schwachheit vor der Stärke, organisiert das Verschwinden der Herrschaftsformel, ohne die die Philosophie nicht sein kann. Von nun an ist es nicht einmal mehr möglich, über die Philosophie zu diskutieren, festzustellen ist vielmehr ihre *effektive* Ungültigkeit, ebenso wie die jeder Figur von Herrschaft überhaupt.

Die Juden, so sagt uns Paulus wieder und wieder, suchen Zeichen und »verlangen nach Wundern«, die Griechen »suchen die Weisheit« und stellen Fragen, die Christen bekennen den gekreuzigten Christus. Verlangen – Fragen – Bekennen: dies sind die verbalen Figuren der drei Diskurse, sind ihre subjektiven Haltungen.

Wenn man Zeichen verlangt, wird der, der sie gibt, für den, der sie verlangt, zum Herrn. Wenn man philosophisch fragt, wird der, der antworten kann, für das ratlose Subjekt zum Herrn. Wer aber ohne prophetische oder mirakulöse Garantie, wer ohne Argument oder Beweis bekennt, tritt nicht in die Logik des Herrn ein. Das Bekenntnis ist nämlich nicht durch die Leere (der Frage) affiziert, in der der Herr sich einquartiert. Von einem Mangel, der durch die Figur des Herrn zu beheben wäre, bleibt der, der bekennt, unbetroffen. Darum kann er den Platz des Sohnes einnehmen. Ein Ereignis bekennen, heißt zum Sohn dieses Ereignisses werden. Das Sohnsein des Christus ist emblematisch dafür, dass das Bekennen des Ereignisses den Bekenner zum Sohn macht.

Die Philosophie kennt nur Anhänger. Aber als Sohn ist ein Subjekt das Gegenteil eines Anhängers, denn es ist derjenige, dessen Leben beginnt. Um eines solchen Beginns willen musste sich Gottvater selbst zum Sohn machen, musste die Gestalt des Sohns annehmen. Durch diese Zustimmung zur Gestalt des Sohnes, ausgedrückt durch den änigmatischen Ausdruck der »Sendung«, bewirkt der Vater, dass wir uns selbst universal als Söhne ereignen. Der Sohn ist der, dem nichts mangelt, denn er ist nichts als Beginn. »So bist du nicht mehr Knecht, sondern Kind; wenn aber Kind, dann auch Erbe durch Gott.« (Gal. 4, 7)

Der Vater, der stets partikular ist, zieht sich hinter die universale Evidenz seines Sohnes zurück. Jede Universalität im Gefolge eines Ereignisses egalisiert die Söhne in der Auflösung der Partikularität der Väter. Daher die unzerstörbare *Jugend* einer jeden Wahrheit.

Später wird die Theologie zahllose Verrenkungen anstellen, um die substantielle Identität von Vater und Sohn nachzuweisen.

Diese trinitarischen Fragen interessieren Paulus überhaupt nicht. Ihm genügt die antiphilosophische Metapher von der »Sendung des Sohnes«, denn er stützt sich einzig aufs Ereignis und weist jede philosophische Neueinschreibung dieses reinen Geschehens in das philosophische Vokabular der Substanz und der Identität zurück.

Der auferstandene Sohn macht die gesamte Menschheit zu Söhnen. Das konstituiert die Überflüssigkeit der Figur des Wissens und seiner Überlieferung. Für Paulus ist die Figur des Wissens, nicht anders als die des Gesetzes, selbst eine der Knechtschaft. Die mit ihr verbundene Figur der Herrschaft ist in Wirklichkeit ein Schwindel. Der Herr muss abgesetzt, die Gleichheit der Söhne muss eingesetzt werden.

Ihren stärksten Ausdruck findet diese Gleichheit, die das notwendige Korrelat der Universalität ist, im Ersten Korintherbrief 3, 9: wir alle sind »ϑεοῦ συνεργοί«, Gottes Mit-Arbeiter. Eine großartige Maxime: wo die Figur des Herrn erlischt, erscheinen Hand in Hand die des Arbeiters und die der Gleichheit. Jede Gleichheit ist die einer gemeinsamen Zugehörigkeit zu einem Werk. Wer an einer Wahrheitsprozedur teilnimmt, ist mit Sicherheit ein Mitarbeiter an ihrem Werden. Das ist es, was die Sohnesmetapher meint: Sohn ist der, den ein Ereignis des Gesetzes und all dessen, was sich mit ihm verbindet, zugunsten eines gemeinsamen egalitären Werks enthebt.

Wir müssen indessen aufs Ereignis zurückkommen, von dem alles abhängt, insbesondere die Söhne, die Mitarbeiter am Unternehmen des Wahren. Was muss das Ereignis sein, wenn sich im Zeichen des universalen Sohns Universalität und Gleichheit verbinden sollen?

Die Biographie, die Lehren, die Wundergeschichten, die doppelsinnigen Aphorismen einer bestimmten Person, nämlich Jesu – das alles ist das Ereignis für Paulus zweifellos nicht. Die aufs geteilte christliche Subjekt anwendbare Regel, die dem aktiven Realen des Bekenntnisses über die intime Erleuchtung, dem unpersönlichen Glauben über die partikularen Taten den Vorrang gibt, gilt auch für Jesus. Wieder wird Paulus nicht bestreiten, dass der Sohn eine innere Kommunikation mit dem Göttlichen besaß, dass er ein unsagbares Sagen in sich trug und dass er, was Wunderheilungen, Brotvermehrungen, Übers-Wasser-Gehen und andere Bravourstückchen anging, sich mit den Scharlatanen, von denen es in den östlichen Reichsprovinzen wimmelte, durchaus messen konnte. Er erinnert bloß daran, und sei es nur durch absichtliches Schweigen von diesen äußeren Virtuositäten, dass all dies kein neues Zeitalter der Wahrheit begründen kann. Was die partikulare Person namens Jesus gesagt und getan hat, ist nur das kontingente Material, dessen sich das Ereignis zu einem ganz anderen Zweck bemächtigt. In diesem Sinn ist Jesus weder ein Herr noch ein Beispiel. Er ist der Name dessen, was uns universal geschieht.

Nietzsche, der im Umgang des Paulus mit den Erzählungen der Evangelien den »Zynismus eines Rabbiners« am Werk sieht, hat klar erkannt, wie gleichgültig dem Apostel der anekdotische Reiz dieser Geschichten war. Für Nietzsche handelt es sich dabei um eine bewusste Fälschung, in der sich Hass aufs Leben und Machtgelüste freie Bahn schaffen:

> Das Leben, das Beispiel, die Lehre, der Tod, der Sinn und das Recht des ganzen Evangeliums – nichts war mehr vorhanden, als dieser Falschmünzer aus Hass begriff, was allein er brauchen konnte. *Nicht* die Realität, *nicht* die historische Wahrheit! [...] Paulus verlegte einfach das Schwergewicht jenes ganzen Daseins hinter dies Dasein, – in die Lüge vom »wiederauferstandenen« Jesus. Er konnte im Grunde das Leben des Erlösers überhaupt nicht brauchen, – er hatte den Tod am Kreuz nöthig und etwas mehr noch ... (*Der Antichrist*, 42)

Das ist nicht ganz falsch. Wie jeder echte Theoretiker der Wahrheit glaubt Paulus, wie wir sahen, nicht, dass es eine »historische Wahrheit« geben kann; oder vielmehr, er glaubt nicht, dass die Wahrheit der Geschichte dem Zeugnis oder dem Gedächtnis angehört. Nietzsche glaubte es übrigens auch nicht, denn seine genealogische Doktrin ist keineswegs historisch. Es stimmt auch, dass ohne das Motiv der Auferstehung die Existenz Christi in den Augen des Paulus kaum mehr Bedeutung gehabt hätte als die irgendeines anderen, wie auch immer begabten Schwärmers aus dem damaligen Orient.

Aber Nietzsche ist nicht genau genug. Wenn er schreibt, dass Paulus nur den Tod Christi brauchen kann »*und* etwas mehr noch«, müsste er betonen, das dieses »etwas mehr« für Paulus kein zusätzliches »etwas mehr« zum Tod, sondern der einzige Punkt des Realen ist, mit dem sich sein Denken verbindet. Und wenn er »das Schwergewicht jenes ganzen Daseins [Christi] hinter dies Dasein« verlegte, dann folgte er damit weder dem Tod noch dem Hass, sondern dem Prinzip eines Über-Daseins, von dem her das Leben, das bejahende Leben, allen wiedergegeben und für alle neu gegründet wurde.

Will nicht Nietzsche selbst, nach der gegenwärtigen nihilistischen Dekadenz des Menschen, »das Schwergewicht« seines Lebens verschieben? Und braucht er für diese Operation nicht drei miteinander verbundene Themen, deren Erfinder Paulus ist, nämlich die subjektive Verkündigung, die sich nur durch sich selbst autorisiert (die Person Zarathustras), die in zwei Stücke gebrochene Geschichte (die »große Politik«) und, als Ende der Versklavung durch die Schuld und als Bejahung des Lebens, den neuen Menschen (den Übermenschen)? Die Schärfe Nietzsches gegen Paulus erklärt sich nur daraus, dass er weit mehr als sein Gegner sein Rivale ist. Und er fälscht Paulus genauso, wenn nicht noch mehr, wie dieser Jesus »verfälscht« hat.

Wenn man sagt, dass Paulus »das Schwergewicht des Lebens *nicht* in's Leben, sondern in's ›Jenseits‹ verlegt [hat], – *in's Nichts* –«, und dass er damit »dem Leben überhaupt das Schwergewicht genommen« habe (*ibid.*, 43), dann ist das das Gegenteil der Lehre des Apostels, für den hier und jetzt das Leben am Tod Revanche nimmt, für den wir hier und jetzt bejahend, nach dem Geist, leben können, und nicht nach dem Fleisch, welches Denken des Todes ist. Die Auferstehung ist für Paulus dadurch definiert, dass sich seither *das Schwergewicht des Lebens im Leben befindet*, denn vorher, als das Schwergewicht des Lebens im Gesetz seinen Ort hatte, organisierte es die Subsumtion des Lebens unter den Tod.

Das eigentliche Problem ist in Wirklichkeit, dass Nietzsche einen regelrechten Hass auf den Universalismus hegt. Nicht immer: dieser heilige Narr ist ein gewaltsamer, lebender Widerspruch, ein In-zwei-Stücke-Brechen seiner selbst. Im Fall des Paulus aber doch: »Das Gift der Lehre ›*gleiche* Rechte für alle‹ – das Christentum hat es am grundsätzlichsten ausgesät.« Wenn es um Gott geht, vertritt Nietzsche den stursten Partikularismus, den zügellosesten rassengebundenen Kommunitarismus: »Ehemals stellte er [Gott] ein Volk, die Stärke eines Volkes, alles Aggressive und Machtdurstige aus der Seele eines Volkes dar«. Solange aber die Götter der »Wille zur Macht« sind, »so lange werden sie Volksgötter sein« (*ibid.*, 16). Was Nietzsche, der in diesem Punkt ein (im Sinne Lacoue-Labarthes) deutscher »Mythologe« bleibt, Paulus nicht verzeiht, ist weniger, dass er das Nichts gewollt, als dass er uns von jenen sinistren »Volksgöttern« befreit und die Theorie eines Subjekts aufgestellt hat, das universell, wie Nietzsche sehr richtig wenn auch mit Abscheu sagt, ein »Rebell gegen alles Privilegierte« ist.

Im Übrigen scheint Nietzsche, auch wenn er sich gegen Paulus auf die »historische Wahrheit« beruft, die Predigt des Apostels im Verhältnis zur kanonischen Formgebung der evangelischen Erzählungen nicht richtig einzuschätzen. Er nimmt kaum zur Kenntnis, dass diese Erzählungen, in denen er die »Psychologie des Erlösers« zu entziffern glaubt (einen Buddha der Décadence, einen Befürworter des friedlichen und leeren Lebens, den »letzten Menschen«), erst redigiert und organisiert worden sind, nachdem Paulus sich mit Strenge des einzigen Punkts bemächtigt hatte, der in dieser »buddhistischen« Erbauung überzählig war: der Auferstehung.

Nichts aber ist nötiger, als sich ständig das zeitliche Verhältnis zwischen den synoptischen Evangelien, für die die erbauliche Anekdote essentiell ist, und den Episteln des Paulus vor Augen zu halten, die von Anfang bis Ende unter der Spannung der revolutionären Botschaft einer in zwei Stücke gebrochenen spirituellen Geschichte stehen: die Evangelien sind nicht weniger als zwanzig Jahre später. Die paulinische Referenz ist nicht vom selben Stoff. Das Ereignis ist keine Lehre, der Christus ist kein Meister, Jünger kann es nicht geben. Gewiss ist Jesus »Herr« (κύριος) und Paulus sein »Diener« (δοῦλος). Das Christusereignis schreibt jedoch für die künftigen Zeiten die Autorität eines neuen subjektiven Wegs vor, und dass wir dem Wahrheitsprozess zu dienen haben, ist nicht mit der Knechtschaft zu verwechseln, aus der wir vielmehr, weil wir alle zu Söhnen dessen, was uns geschehen ist, geworden sind, auf immer entlassen sind. Das Verhältnis zwischen dem Herrn und dem Diener unterscheidet sich vollkommen von dem zwischen Meister und Jünger wie auch von dem zwischen Besitzer und Sklave. Es ist kein Verhältnis personaler oder legaler Abhängigkeit. Es ist eine Schicksalsgemeinschaft in dem Moment, da wir ein »neues Geschöpf« werden müssen. Daher sollen wir vom Christus nur das festhalten, was dieses Schicksal befiehlt und was gegenüber den Partikularitäten der lebenden Person indifferent ist: Jesus ist auferstanden, sonst zählt nichts, so dass Jesus gleichsam eine anonyme Variable ist, ein »Jemand« ohne prädikative Züge, der ganz und gar in seiner Auferstehung aufgeht.

Das reine Ereignis ist darauf reduzierbar, dass Jesus gekreuzigt wird und aufersteht. Dieses Ereignis ist »Gnade« (χάρις). Es ist also weder ein Vermächtnis noch eine Tradition noch eine Predigt. Es ist überzählig zu all dem und stellt sich als reine Gabe dar.

Als Subjekte, die der Probe des Realen ausgesetzt sind, sind wir von nun an durch die ereignishafte Gnade konstituiert. Die kapitale Formel, die wohlgemerkt auch eine universale Adresse ist, lautet: »οὐ γάρ ἐστε ὑπὸ νόμον ἀλλὰ ὑπὸ χάριν«, »denn ihr seid nicht unter dem Gesetz, sondern der Gnade« (Röm. 6, 14). Eine Strukturierung des Subjekts gemäß einem »Nicht … sondern«, das nicht als ein Zustand, sondern als ein Werden zu verstehen ist. Denn das »Nicht-unter-dem-Gesetz-Sein« bezeichnet negativ den Weg des Fleischs als suspendiertes Schicksal des Subjekts, »Unter-der-Gnade-Sein« dagegen den Weg des Geistes als Treue zum Ereignis. Das Subjekt des neuen Zeitalters ist ein »Nicht … sondern«. Das Ereignis ist zugleich die Aufhebung des fleischlichen Wegs durch ein problematisches »Nicht« und die Affirmation des geistigen Wegs durch ein exzeptionelles »Sondern«. Gesetz und Gnade benennen für das Subjekt die konstitutive Verflechtung, die es auf die Situation bezieht, wie sie ist, und auf die Folgen des Ereignisses, wie sie werden sollen.

Unsere These ist in der Tat die, dass ein ereignishafter Bruch sein Subjekt immer in der geteilten Form eines »Nicht … sondern« konstituiert und dass *genau diese Form der Träger des Universalen ist*. Denn das »Nicht« ist die potentielle Auflösung der geschlossenen Partikularitäten (die »Gesetz« heißen), während das »Sondern« jene mühselige Aufgabe bezeichnet, an der die Subjekte des durch das Ereignis (das »Gnade« heißt) eingeleiteten Prozesses als Mit-Arbeiter teilnehmen. Das Universale ist weder auf seiten des Fleischs als anerkannte Legalität und partikularer Zustand der Welt noch auf seiten des reinen Geists als intimer Heimstatt der Gnade und der Wahrheit. Der jüdische Diskurs des Ritus und des Gesetzes ist durch die Überfülle des Ereignisses überholt, aber der anmaßende Diskurs der inneren Erleuchtung und des Unsagbaren ist nicht weniger entwertet. Der zweite und der vierte Diskurs müssen revoziert werden, denn sie *vereinheitlichen* das Subjekt. Nur der dritte Diskurs enthält in seiner Teilung die Garantie der Universalität. Wenn das Ereignis in die Konstitution des Subjekts, das es verkündet, eingehen kann, dann weil es in ihm, und unter Ablehnung jeglicher Partikularität der Person, unablässig die Teilung der beiden Wege vollzieht und das »Nicht ... sondern« distribuiert, welches in einem unendlichen Prozess das Gesetz verdrängt, um unter die Gnade zu treten.

Kapitel VI

Die Antidialektik von Tod und Auferstehung

Das Ereignis, haben wir gesagt, besteht darin, dass Jesus, der Christus, am Kreuz gestorben und dann wieder auferstanden ist. Welche Funktion hat der Tod in dieser Sache? Ist das paulinische Denken, wie Nietzsche meint, letztlich ein todbringendes, ein ereignisgewordener Hass aufs Leben?

Oder auch: ist die paulinische Konzeption des Ereignisses dialektisch? Ist der Weg der Affirmation immer die Arbeit des Negativen, so dass immer das Leben, das den Tod »erträgt und in ihm sich erhält«, das Leben des Geistes ist? Man weiß, was die hegelianische Montage alles dem Christentum schuldet und wie sehr die dialektische Philosophie das Thema einer Passion des Absoluten verkörpert. Die Auferstehung ist dann lediglich die Negation der Negation, der Tod ist die entscheidende Zeit des Aus-sich-Heraustretens des Unendlichen, und es gibt eine wesentlich erlösende Funktion des Leidens und des Martyriums. Was, wie man zugeben muss, einer christlichen Bildwelt entspricht, die seit Jahrhunderten allgegenwärtig ist.

Wenn das Motiv der Auferstehung in die dialektische Montage einbezogen wird, dann ist es klar, dass das Ereignis als überzählige Schenkung und unkalkulierbare Gnade sich in einem rationalen Protokoll von Selbstbegründung und notwendiger Entfaltung auflöst. Es steht außer Zweifel, dass die hegelianische Philosophie, die der rationale Rand der deutschen Romantik ist, das Christusereignis für sich vereinnahmt. Die Gnade wird darin zu einem Moment der Selbstentfaltung des Absoluten, und das Material des Todes und des Leidens ist erforderlich, damit die Spiritualität, die sich in die Endlichkeit entäußert, zu sich selbst in die erfahrene Intensität des Selbstbewusstseins zurückkehrt.

Ich behaupte jedoch, dass die paulinische Position antidialektisch und der Tod darin in keiner Weise das notwendige Exerzitium der immanenten Macht des Negativen ist. Die Gnade ist dann kein »Moment« des Absoluten mehr. Sie ist Bejahung ohne vorherige Negation, ist das, was in der Zäsur des Gesetzes auf uns zukommt, ist reine und einfache *Begegnung*.

Diese Entdialektisierung des Christusereignisses erlaubt es, aus dem mythologischen Kern eine gänzlich laizisierte formale Konzeption der Gnade zu extrahieren. Die Frage ist einzig und allein die, ob einem Dasein im Bruch mit der unerbittlichen Gewöhnlichkeit der Zeit das materielle Glück begegnet, einer Wahrheit zu dienen und so, in der subjektiven Teilung, jenseits der Überlebensnotwendigkeit des Menschentiers, unsterblich zu werden.

Wenn Paulus uns hilft, die Verbindung zwischen der ereignishaften Gnade und der Universalität des Wahren zu erfassen, dann ermöglicht er uns auch, das Vokabular der Gnade und der Begegnung aus seiner religiösen Umklammerung zu befreien. Dass der Materialismus immer nur die Ideologie einer Bestimmung des Subjektiven durchs Objektive sein könne, hat ihn philosophisch disqualifiziert. Es sei denn, wir nehmen an, dass es unsere Sache ist, einen Materialismus der Gnade zu begründen – durch die einfache und starke Idee, dass jedes Dasein irgendeinmal von dem, was ihm geschieht, durchdrungen werden und sich daraufhin dem widmen kann, was für alle gilt, oder, wie Paulus es großartig sagt, »allen alles zu werden« – τοῖς πᾶσιν γέγονα πάντα (1. Kor. 9, 22).

Doch, wir besitzen einige Gnaden, und solche, für die man sich keineswegs einen Allmächtigen ausdenken muss.

Selbst für Paulus, der durchaus an der transzendenten Maschinerie festhält, der sie hochhält, ist das Ereignis nicht der Tod, sondern die Auferstehung.

Geben wir zu dieser delikaten Frage ein paar Anhaltspunkte.

Das Leiden spielt in der Apologetik des Paulus keinerlei Rolle, nicht einmal beim Tod Christi. Der schwache und erniedrigende Charakter dieses Tods ist ihm durchaus wichtig, weil der Schatz des Ereignisses, aus den genannten Gründen, in einem irdenen Gefäß verwahrt werden muss. Aber daraus, dass die Kraft einer Wahrheit in dem liegt, was für die etablierten Diskurse Schwäche oder Wahn ist, folgt für Paulus keineswegs, dass es eine wesentlich erlösende Funktion des Leidens gäbe. Die Teilnahme am Leiden ist unvermeidlich, das ist das Gesetz der Welt. Aber die Hoffnung, die durch das Ereignis und das Subjekt, das sich daran bindet, verbürgt ist, teilt die Tröstung als das hier und jetzt einzig Reale dieses Leidens aus: »Und unsere Hoffnung steht fest für euch, weil wir wissen, dass, wie ihr des Leidens teilhaftig seid, so werdet ihr auch des Trostes teilhaftig sein.« (2. Kor. 1, 7) Der mit dem Gedanken des »Unsichtbaren« verbundene Glanz ist in Wahrheit mit den unvermeidlichen Leiden, die die gewöhnliche Welt zufügt, nicht kommensurabel: »Unsere Trübsal, die zeitlich und leicht ist, schafft eine ewige und über alle Maßen wichtige Herrlichkeit« (2. Kor. 4, 17).

Wenn Paulus von seinen eigenen Leiden spricht, dann innerhalb einer strikt militanten Logik. Es geht darum, dissidente oder von seinen Gegnern umworbene Gruppen davon zu überzeugen, dass er, Paulus, durchaus der exponierte und uneigennützige Mann der Tat ist, der er zu sein behauptet. Das ist besonders im Zweiten Korintherbrief der Fall, der von erheblicher politischer Unruhe geprägt ist und in dem Paulus Schmeicheleien mit Drohungen abwechseln lässt (»Ich bitte aber, dass man mich nicht zwinge, wenn ich anwesend bin, dreist zu werden und mit der Kühnheit vorzugehen, die ich gegen etliche zu brauchen gedenke ...«, 2. Kor. 10, 2). Dies ist die Stelle, wo der nomadisierende, in Rivalitäten verstrickte Führer im Rahmen eines taktischen Plädoyers ausführlich beschreibt, was er durchgemacht hat:

> Ich bin oft in Todesnöten gewesen; von den Juden habe ich fünfmal empfangen vierzig Streiche weniger einen; ich bin dreimal mit Ruten geschlagen, einmal gesteinigt, dreimal habe ich Schiffbruch erlitten, einen Tag und eine Nacht trieb ich auf dem tiefen Meer; ich bin oft gereist, ich bin in Gefahr gewesen durch die Flüsse, in Gefahr unter den Räubern, in Gefahr unter den Juden, in Gefahr unter den Heiden, in Gefahr in den Städten, in Gefahr in den Wüsten, in Gefahr auf dem Meer, in Gefahr unter den falschen Brüdern; in Mühe und Arbeit, in viel Wachen, in Hunger und Durst, in viel Fasten, in Frost und Blöße (2. Kor. 11, 23-27).

Aber der Schluss dieses biographischen Bruchstücks, das einzig dazu bestimmt ist, diejenigen, die »nichts verstehen«, »weil sie sich nur an sich selbst messen und mit sich selbst vergleichen« (*ibid.*, 10, 12), zum Schweigen zu bringen, orientiert sich nicht auf irgendeine Heilsbedeutung, die den Heimsuchungen des Apostels zukäme. Es handelt sich wieder und immer noch um das irdene Gefäß, um die Bedeutung, die im Gefolge des Ereignisses die Schwachheit hat, um die Abschaffung der weltlichen Kriterien des Ruhms: »Wenn ich mich denn rühmen soll, will ich mich meiner Schwachheit rühmen.« (*ibid.*, 11, 30)

Schlagen wir die folgende Formel vor: wohl gibt es bei Paulus das Kreuz, nicht aber den Kreuzweg. Es gibt die Passion, aber nicht die Kreuztragung. So energisch und drängend die Predigt des Paulus ist, sie enthält keine masochistische Propaganda für die Tugenden des Leidens, kein Pathos der Dornenkrone, der Geißelung, des ausgeschwitzten Bluts oder des Schwamms, der mit Galle getränkt ist.

Kommen wir jetzt zum Kreuz.

Für Paulus kann der Tod nicht die Operation des Heils sein, denn er ist auf Seiten des Fleischs und des Gesetzes. Er ist, wie wir sahen, Konfiguration des Realen durch den subjektiven Weg des Fleischs. Er hat keinerlei geheiligte Funktion, keine spirituelle Verwendung, und er kann sie nicht haben.

Wir müssen, um seine Funktion zu verstehen, ein weiteres Mal das ganze platonische Dispositiv von Seele und Körper, vom Weiterleben der Seele oder ihrer Unsterblichkeit vergessen. Das paulinische Denken kennt diese Parameter nicht. Der Tod, von dem Paulus spricht, der des Christus ebenso wie unserer, hat nichts Biologisches, so wenig übrigens wie das Leben. Tod und Leben sind Denkweisen, sind ineinander verflochtene Dimensionen des Gesamtsubjekts, in dem »Körper« und »Seele« ununterscheidbar sind (darum ist die Auferstehung für Paulus auch notwendig Auferstehung der Körper, will sagen Auferstehung des geteilten Subjekts *als Ganzes*). Als Gedanke, als subjektiver Weg, als Weise des In-der-Welt-Seins, ist der Tod der Teil des geteilten Subjekts, der wieder und immer noch »Nein« zum Fleisch sagen muss und sich im prekären Werden des »Sondern« des Geistes aufhält.

Der Tod, der das Denken des Fleischs (oder gemäß dem Fleisch) ist, kann für das Christusereignis nicht konstitutiv sein. Er ist übrigens ein adamitisches Phänomen. Er ist von Adam, dem ersten Menschen, im eigentlichen Sinn *erfunden* worden. Der erste Korintherbrief 15, 22, spricht es ganz klar aus: »Denn da durch einen Menschen der Tod gekommen ist, so kommt auch durch einen Menschen die Auferstehung der Toten. Denn gleichwie sie in Adam alle sterben, so werden sie in Christus alle lebendig gemacht werden.« Der Tod ist genauso alt wie die Entscheidung des ersten Menschen für eine rebellische Freiheit. Was das Ereignis im Christus ausmacht, ist ausschließlich die Auferstehung, jene ἀνάστασις νεκρῶν, die eigentlich als ein *Aufstehen* der Toten zu übersetzen wäre, als ein Aufstehen, das das des Lebens ist.

Warum also muss der Christus sterben, und in welcher Absicht entwickelt Paulus das Symbol des Kreuzes?

In dem oben zitierten Text ist zu beachten, dass es einzig die Auferstehung eines Menschen ist, die sich in gewisser Weise damit vergleichen oder auf eine Ebene damit stellen kann, dass ein Mensch den Tod erfunden hat. Der Christus erfindet das Leben, aber er kann es nur, insofern er wie der Erfinder des Todes ein Mensch, ein Gedanke, ein Dasein ist. Im Maßstab des Menschheitsschicksals verkörpern Adam und Jesus, der erste und der zweite Adam, jene subjektive Verflechtung, welche als konstitutive Teilung jedes beliebige Einzelsubjekt ausmacht. Der Christus stirbt ganz einfach, um zu bezeugen, dass ein Mensch, wenn er imstande war, den Tod zu erfinden, auch das Leben zu erfinden imstande ist. Oder auch: der Christus stirbt, um zu zeigen, dass, wenn er in die menschliche Erfindung des Todes mit einbegriffen ist, es eben dieser Punkt ist (das, wozu die Menschheit imstande ist), von dem ausgehend er das Leben erfindet.

Insgesamt ist also der Tod nur erforderlich, insofern mit dem Christus die göttliche Intervention sich der Menschlichkeit des Menschen – und damit dem Denken, das ihn beherrscht und das als Subjekt »Fleisch« und als Objekt »Tod« heißt – prinzipiell strikt gleichmachen muss. Wenn der Christus stirbt, hören wir Menschen auf, von Gott getrennt zu sein, weil er mit der Sendung seines Sohnes, durch seine Sohnwerdung, ins Innerste der Zusammensetzung unseres Denkens eintritt.

Dies ist die einzige Notwendigkeit des Todes Christi: sie ist das Mittel für eine Gleichheit mit Gott selbst. Durch diesen Gedanken des Fleischs, dessen Reales der Tod ist, ist es uns in Gnade gegeben, im selben Element wie Gott selbst zu sein. Der Tod benennt hier einen Verzicht auf die Transzendenz. Der Tod des Christus ist, so können wir sagen, *die Montage einer Immanentwerdung des Geistes*.

Paulus ist sich vollkommen klar darüber, dass das Festhalten an einer radikalen Transzendenz des Vaters weder das Ereignis noch den Bruch mit der legalen Ordnung zulässt. Denn den Abgrund, der uns von Gott trennt, kann nur die todbringende Immobilität des Gesetzes ausfüllen, »das Amt, das mit Buchstaben in Stein gehauen war und das doch nur den Tod bringt« (2. Kor. 3, 7).

In Röm. 6, 4-9, zeigt Paulus, dass eine Doktrin des Realen als Ereignis die Immanenz voraussetzt und dass wir mit dem Tod nur in dem Maß übereinkommen können, wie Gott mit ihm übereinkommt. Auf diese Weise konstruiert die Operation des Todes den Ort unserer Gleichheit mit Gott *in der Menschheit selbst*.

> So sind wir ja mit ihm begraben durch die Taufe in den Tod, damit, gleichwie Christus ist auferweckt von den Toten durch die Herrlichkeit des Vaters, also sollen auch wir in einem neuen Leben wandeln. Denn wenn wir in ihn eingepflanzt sind zu gleichem Tode, so werden wir ihm auch in der Auferstehung gleich sein, weil wir ja wissen, dass unser alter Mensch samt ihm gekreuzigt ist, damit der Leib der Sünde aufhöre, dass wir hinfort der Sünde nicht dienen.
> Sind wir aber mit Christus gestorben, so glauben wir, dass wir auch mit ihm leben werden, und wissen, dass Christus, von den Toten erweckt, hinfort nicht stirbt.

Der Text ist deutlich: der Tod spielt als solcher in der Operation des Heils keine Rolle. Er wirkt als Bedingung der Immanenz. Wir werden im selben Maß konform mit Christus, wie er mit uns konform wird. Das Kreuz (wir sind mit dem Christus gekreuzigt worden) ist das Symbol dieser Identität. Und diese Konformität ist möglich, weil der Tod nicht ein biologisches Faktum, sondern ein Gedanke des Fleischs ist, der neben anderen den sehr komplexen und noch zu besprechenden Namen »Sünde« hat. Paulus nennt diese Immanentwerdung eine »Versöhnung« (καταλλαγή): »Denn wenn wir mit Gott versöhnt sind durch den Tod seines Sohnes, als wir noch Feinde waren, um wie viel mehr werden wir selig werden durch sein Leben, nachdem wir nun versöhnt sind!« (Röm. 5, 10).

Es ist von fundamentaler Wichtigkeit, die καταλλαγή, die Versöhnung, welche die Operation des Todes ist, nicht mit der σωτηρία, dem Heil, welches die ereignishafte Operation der Auferstehung ist, zu verwechseln. Die erstere macht die Bedingungen der letzteren immanent, ohne sie allerdings notwendig zu machen. Durch den Tod Christi verzichtet Gott auf seine transzendente Trennung, annulliert die Trennung durch seine Sohnwerdung und hat Anteil an einer konstitutiven Dimension des geteilten menschlichen Subjekts. Was er auf diese Weise schafft, ist zwar nicht das Ereignis, aber das, was ich seine Stätte nenne. Die Ereignisstätte ist diejenige einer Situation immanente Gegebenheit, die in die Zusammensetzung des Ereignisses selbst eingeht und bewirkt, dass es für *diese* einzigartige Situation bestimmt ist und nicht für eine andere. Der Tod ist insofern Konstruktion der Ereignisstätte, als er bewirkt, dass die Auferstehung (die keineswegs aus ihm folgt) für die Menschen, für ihre subjektive Situation, *bestimmt sein wird*. Die Versöhnung ist Gegebenheit der Stätte, ist virtueller und von sich aus inaktiver Hinweis darauf, dass die Auferstehung Christi Erfindung eines neuen Lebens *durch den Menschen* ist. Nur die Auferstehung ist Gegebenheit des Ereignisses, die die Stätte in Dienst nimmt und deren Operation das Heil ist.

Das Verhältnis von καταλλαγή und σωτηρία zu verstehen, welches auch das zwischen Tod und Leben ist, ist letztlich gleichbedeutend mit der Einsicht, dass für Paulus zwischen dem Tod Christi und seiner Auferstehung vollständige Disjunktion herrscht. Denn der Tod ist eine Operation innerhalb der Situation, eine, die die Stätte des Ereignisses immanent macht, während die Auferstehung das Ereignis selbst ist. Darum ist dem paulinischen Argument jedwede Dialektik fremd. Die Auferstehung ist weder eine Aufhebung noch eine Überwindung des Todes.

Es handelt sich um zwei distinkte Funktionen, deren Artikulation ohne jede Notwendigkeit ist. Daraus, dass eine Ereignisstätte existiert, folgt in keiner Weise das Auftreten des Ereignisses. Dieses Auftreten setzt zwar die Immanenz voraus, gehört aber nichtsdestoweniger der Ordnung der Gnade an.

Darum ist Nietzsche ganz und gar im Irrtum, wenn er aus Paulus den Typus des Priesters macht, der Macht, die dem Hass aufs Leben verpflichtet ist. Man kennt die Diatribe:

Da erschien Paulus … Paulus, der Fleisch-, der Genie-gewordne Tschandala-Hass gegen Rom, gegen »die Welt«, der Jude, der *ewige* Jude par excellence […] Dies war sein Augenblick von Damaskus: er begriff, dass er den alten Unsterblichkeits-Glauben *nöthig* hatte, um »die Welt« zu entwerthen, dass der Begriff »Hölle« über Rom noch Herr wird, – dass man mit dem »Jenseits« *das Leben tödtet* … Nihilist und Christ: das reimt sich, das reimt sich nicht bloss … (*Der Antichrist*, 58)

In diesem Text stimmt nichts wirklich. Nach dem Gesagten ist klar, dass es Paulus nicht um den »Unsterblichkeitsglauben« geht, dass er vielmehr den Triumph der Bejahung über die Verneinung, des Lebens über den Tod, des neuen Menschen (des Übermenschen?) über den alten will; dass der Hass auf Rom, bei einem Mann, der besonders stolz darauf war, römischer Bürger zu sein, eine Erfindung Nietzsches ist; dass die »Welt«, von der Paulus sagt, sie sei mit Jesus gekreuzigt worden, der griechische Kosmos ist, die gute Totalität, die Orte anweist und dem Denken die Zustimmung zu diesen Orten befiehlt; dass es sich also darum handelt, den Lebensrechten des Unendlichen und des nicht totalisierbaren Ereignisses die Tür zu öffnen; dass die Hölle in der paulinischen Predigt nirgends erwähnt wird und dass es ein Charakteristikum seines Stils ist, niemals an die Furcht und immer an den Mut zu appellieren; und dass schließlich »das Leben zu töten« bestimmt nicht der Wille dessen sein kann, der mit einer Art wilder Freude fragt: »Tod, wo ist dein Sieg?« Den Tod zu töten – das würde das paulinische Programm viel eher zusammenfassen.

Der die dionysische Bejahung forderte, der wie Paulus die Weltgeschichte in zwei Stücke brechen und überall das »Nein« des Nihilismus durch das »Ja« des Lebens ersetzen wollte, wäre besser beraten gewesen, wenn er diesen Passus zitiert hätte:

Denn der Sohn Gottes, Jesus Christus, der unter euch durch uns gepredigt ist, durch mich und Silvanus und Timotheus, der war nicht Ja und Nein, sondern es war Ja in ihm. (2. Kor. 1, 19)

Das ist Paulus, nicht der Kult des Todes: die Begründung eines universalen »Ja«.

Und der wollte, dass jenseits von Gut und Böse, jenseits von Riten und Priestern, der neue Mensch heraufkäme, die Übermenschheit, deren die Menschheit fähig ist, hätte Paulus zum Zeugen aufrufen können, jenen Paulus, der in einem durchaus nietzscheanischen Ton verkündet, es gelte »weder Beschneidung noch Unbeschnittensein etwas, sondern eine neue Kreatur« (Gal. 6, 15).

Nietzsche ist viel weniger der Gegner des Paulus als sein Rivale. Dasselbe Verlangen, eine neue Epoche der Menschheitsgeschichte einzuleiten, dieselbe Überzeugung, der Mensch könne überwunden werden, dieselbe Gewissheit, dass mit der Schuld und mit dem Gesetz Schluss gemacht werden müsse. Ist er nicht Nietzsches Bruder, jener Paulus, der verkündet: »Wenn das Amt, das die Verdammnis predigt, Herrlichkeit hat, wie viel mehr hat das Amt, das die Gerechtigkeit predigt, überschwängliche Herrlichkeit?« (2. Kor. 3, 9). Dieselbe, manchmal brutale Mischung aus Heftigkeit und heiliger Sanftheit, dieselbe Empfindlichkeit, dieselbe Gewissheit persönlicher Auserwähltheit. Dem Paulus, der sich »ausgesondert« weiß, »zu predigen das Evangelium« (Röm. 1, 1), antwortet Nietzsche, der die Gründe nennt, warum er »ein Schicksal« ist. Und schließlich dieselbe Universalität der Adresse, dieselbe planetarische Irrfahrt. Um die große Politik zu begründen (die »wahrhaft große«, sagt er sogar), befragt Nietzsche die Ressourcen aller Völker, nennt sich einen Polen, will sich mit den Juden verbünden, schreibt an Bismarck ... Und Paulus, der sich von keiner lokalen Gruppe, keiner provinziellen Sekte vereinnahmen lassen will, durchreist idealiter das ganze Reich und widersetzt sich allen, die ihn festlegen wollen: »Ich bin ein Schuldner der Griechen wie der Nichtgriechen, der Weisen und der Nichtweisen« (Röm. 1, 14).

Der eine wie der andere nämlich haben die Antiphilosophie bis zu dem Punkt getrieben, wo es nicht mehr um eine selbst radikale »Kritik« der Kleinlichkeiten und Schrullen des Weisen oder des Metaphysikers geht, sondern um etwas viel Ernsteres: die umfassende Bejahung des Lebens als Ereignis dem Regime des Negativen und des Todes entgegenzusetzen. Derjenige zu sein, der – Paulus oder Zarathustra – unbeirrt den Moment antizipiert, wo »der Tod verschlungen ist in den Sieg« (1. Kor. 15, 54).

Wenn Paulus in diesem Punkt Nietzsche nahe steht, dann ist er offenbar nicht der Dialektiker, für den man ihn manchmal hält. Es geht nicht darum, den Tod, indem man ihn bewahrt, zu leugnen, es geht darum, ihn zu verschlingen, ihn abzuschaffen. Und Paulus ist auch nicht wie der frühe Heidegger ein Doktrinär des Seins zum Tode und der Endlichkeit. Der Anteil des Seins zum Tode ist im geteilten Subjekt der, der noch »Nein« sagt, der sich nicht dem exzeptionellen »Sondern« der Gnade, des Ereignisses, des Lebens überlassen will.

Letzten Endes ist das Christusereignis für Paulus nichts als Auferstehung. Es tilgt die Negativität, und obwohl der Tod, wie wir sagten, zur Konstruktion seiner Stätte erforderlich ist, bleibt es dennoch eine affirmative Operation, die nicht auf den Tod selbst reduziert werden kann.

Der Christus ist »ἐκ νεκρῶν«, von den Toten geholt worden. Diese Extraktion aus der sterblichen Stätte schafft einen Punkt, wo der Tod seine Macht verliert. Extraktion, Subtraktion, aber nicht Negation:

> Sind wir aber mit Christus gestorben, so glauben wir, dass wir auch mit ihm leben werden, und wissen, dass Christus, von den Toten erweckt, hinfort nicht stirbt; der Tod kann hinfort über ihn nicht herrschen. (Röm. 6, 8 f.)

Der Tod als menschlicher Ort des Sohnes erweist sich in der ereignishaften Prüfung durch die Auferstehung als eine bloße Ohnmacht. Die Auferstehung tritt *außerhalb* der Macht des Todes auf, nicht durch seine Verneinung.

Das Christusereignis, nämlich dass es diesen Sohn außerhalb der Macht des Todes gegeben hat, erweist, so könnte man sagen, rückwirkend den Tod als einen Weg, als eine Dimension des Subjekts, und nicht als einen Zustand der Dinge. Der Tod ist kein Schicksal, sondern eine Wahl, denn es kann uns, in der Subtraktion des Todes, die Wahl des Lebens offen stehen. Und darum gibt es, in aller Strenge, kein Sein zum Tode, es hat immer nur einen Weg des Todes gegeben, der in die geteilte Zusammensetzung eines jeden Subjekts eingeht.

Wenn die Auferstehung affirmative Subtraktion vom Weg des Todes ist, geht es darum, zu verstehen, warum dieses radikal singuläre Ereignis in Paulus' Augen einen Universalismus begründet. Was hat in dieser Auferstehung, in diesem »Von den Toten«, die Kraft zur Aufhebung der Differenzen? Warum folgt daraus, dass ein Mensch auferstanden ist, dass es weder Jude noch Grieche, weder Mann noch Weib, weder Sklaven noch Freie gibt?

Der Auferstandene ist der, der uns zu Söhnen macht und sich in der generischen Dimension des Sohnes mit einbegreift. Man muss immer beachten, dass der Christus für Paulus nicht mit Gott identisch ist, dass seiner Predigt keine trinitarische oder substantialistische Theologie zugrunde liegt. Ganz und gar dem reinen Ereignis treu, begnügt sich Paulus mit der Metapher von der »Sendung des Sohnes«. Infolgedessen ist es für Paulus nicht das Unendliche, das am Kreuz gestorben ist. Sicherlich verlangt die Konstruktion der Ereignisstätte, dass der Sohn, der uns gesandt wurde, den Abgrund der Transzendenz ungültig machend, dem Weg des Fleisches, dem Tod und allen Dimensionen des menschlichen Subjekts immanent ist. Dass der Christus ein inkarnierter Gott oder dass er als das Endlichwerden des Unendlichen zu denken wäre, folgt daraus aber keineswegs. *Das paulinische Denken löst die Fleischwerdung in der Auferstehung auf.*

Auch wenn die Auferstehung nicht die »Passion des Absoluten« ist, auch wenn sie keinerlei Dialektik von Fleischwerdung und Geist betreibt, stimmt es allerdings, dass sie die Differenzen zugunsten einer radikalen Universalität aufhebt und dass sich das Ereignis ausnahmslos an alle wendet oder definitiv jedes Subjekt zerteilt. Eben das ist es, was in der römischen Welt eine ungeheure Erfindung ist. Klar wird sie nur, wenn man die Namen des Todes und die Namen des Lebens überprüft. Der erste von den Namen des Todes ist jedoch: Gesetz.

Kapitel VII

Paulus gegen das Gesetz

Zwei Aussagen scheinen – in gefährlicher Metonymie – die paulinische Lehre konzentriert in sich zu enthalten:

1. Was uns rettet, ist der Glaube, nicht die Werke.
2. Wir sind nicht mehr unter dem Gesetz, sondern unter der Gnade.

Die Grundentscheidungen eines Subjekts wären demnach auf vier Begriffe verteilt: πίστις (der Glaube) und ἔργον (das Werk); χάρις (die Gnade) und νόμος (das Gesetz). Der subjektive Weg des Fleischs (σάρξ), dessen Reales der Tod ist, organisiert das Paar von Gesetz und Werk; der Weg des Geistes (πνεῦμα), dessen Reales das Leben ist, organisiert das von Gnade und Glaube. Zwischen diesen beiden das neue reale Objekt, die ereignishafte Gegebenheit, die die »Erlösung, die durch Christus Jesus geschehen ist«, durchquert – die »διὰ τῆς απολυτρώσεως τῆς ἐν Χριστῶ Ιησοῦ« verläuft (Röm. 3, 24).

Wie kommt es aber, dass das Gesetz der Seite des Todes zugeschlagen werden muss? Weil es, wenn in seiner Partikularität, im Sinne der von ihm vorgeschriebenen Werke verstanden, eine Subjektivierung der universalen Gnadenbotschaft als reine Überzeugung oder Glaube nicht zulässt. Das Gesetz »objektiviert« das Heil und untersagt dessen Verbindung mit der Grundlosigkeit des Christusereignisses. In Röm. 3, 27-30, benennt Paulus klar, worum es geht, nämlich um die essentielle Verbindung zwischen Ereignis und Universalität, insofern es sich um das Eine, oder einfacher gesagt um *eine* Wahrheit handelt:

> Wo bleibt nun der Ruhm? Er ist ausgeschlossen. Durch welches Gesetz? Durch der Werke Gesetz? Nicht also! Sondern durch des Glaubens Gesetz. So halten wir nun dafür, dass der Mensch gerecht werde ohne des Gesetzes Werke, allein durch den Glauben. Oder ist Gott allein der Juden Gott? Ist er nicht auch der Heiden Gott? Ja

freilich, auch der Heiden Gott. Denn es ist der *eine* Gott, der da gerecht macht die Juden aus dem Glauben und die Heiden durch den Glauben.

Die Grundfrage ist die, was es eigentlich bedeutet, dass es einen einzigen Gott gibt. Was heißt »Mono« im »Monotheismus«? Paulus stellt sich, mit erneuerten Begriffen, der furchtbaren Frage des Einen. Seine im eigentlichen Sinn revolutionäre Überzeugung ist die, dass das *Zeichen des Einen das »Für alle« oder das »Ausnahmslos« ist.* Dass es einen einzigen Gott gibt, ist nicht als eine philosophische Spekulation über die Substanz oder über das höchste Seiende zu verstehen, sondern von der Struktur einer Adresse her. Das Eine ist das, das in die Subjekte, an die es sich wendet, keinerlei Differenz einschreibt. Dies ist die Maxime der Universalität, wenn sie im Ereignis wurzelt: das Eine gibt es nur, wenn es für alle da ist. Der Monotheismus ist nur zu verstehen, insofern er die ganze Menschheit berücksichtigt. Ohne die Wendung an alle zerfällt das Eine und verschwindet.

Das Gesetz bezeichnet jedoch für Paulus immer eine Partikularität und mithin eine Differenz. Es ist keine mögliche Operation des Einen, weil es sein trügerisches »Eines« denen vorbehält, die seine Weisungen anerkennen und befolgen.

Der ontologische Unterbau dieser Überzeugung (die Ontologie interessiert Paulus freilich überhaupt nicht) besteht darin, dass ein ereignishaftes Eines nicht das Eine einer Partikularität sein kann. Das einzige mögliche Korrelat des Einen ist das Universale. Das allgemeine Dispositiv einer Wahrheit enthält das Eine (in der paulinischen Fabel die göttliche Transzendenz, den Monotheismus), das Universale (die gesamte Menschheit, den Beschnittenen wie den Unbeschnittenen) und das Singuläre (das Christusereignis). Das Partikulare, das der Meinung, dem Brauch, dem Gesetz angehört, kann sich nicht darin einschreiben.

Was kann das Maß für die Universalität einer Adresse sein? Die Legalität jedenfalls nicht. Das Gesetz ist immer prädikativ, partikular und partiell. Paulus ist sich dessen bewusst, dass das Gesetz immer staatlichen Charakter hat. Unter »staatlich« verstehen wir das, was die Bestandteile einer Situation zählt, benennt und kontrolliert. Soll eine Wahrheit ereignishaft auftreten, dann muss sie sich der Zahl, dem Prädikat, der Kontrolle entziehen. Eben das ist es, was Paulus die Gnade nennt: das, was geschieht, ohne irgendeinem Prädikat als Basis zu dienen, was translegal ist und was allen ohne benennbaren Grund passiert. Die Gnade ist das Gegenteil des Gesetzes, insofern sie das ist, was kommt, *ohne geschuldet zu sein.*

Paulus hat hier eine tiefreichende Intuition, die durch ihr universales und illegales Verständnis des Einen jede partikulare oder kommunitäre Verkörperung des Subjekts ebenso verbietet wie irgendeine juridische oder vertragliche Annäherung an seine konstitutive Teilung. *Was ein Subjekt begründet, kann nicht das sein, was ihm zusteht.* Diese Begründung nämlich verbindet sich mit dem, was es in einer radikalen Kontingenz bekennt. Im strengen Sinn, wenn man unter der Menschlichkeit des Menschen seine subjektive Kapazität versteht, kann es also keine Art von Menschen-»Recht« geben.

Die Polemik gegen das, »was geschuldet ist«, gegen die Logik des Rechts und der Pflicht, ist das Herzstück der paulinischen Ablehnung der gesetzlichen Werke: »Dem aber, der mit Werken umgeht, wird der Lohn nicht aus Gnade zugerechnet, sondern aus Pflicht.« (Röm. 4, 4) Für Paulus aber steht niemandem etwas zu. Das Heil des Subjekts kann nicht die Form einer Vergütung oder eines Lohns haben. Die Subjektivität des Glaubens entzieht sich dem Lohn (so dass man sie sogar letztlich für kommunistisch erklären kann). Sie gehört zu einer gewährten Gabe, dem χάρισμα. Jedes Subjekt initiiert sich durch ein Charisma, jedes ist charismatisch. Weil der Punkt der Subjektivität nicht das Werk ist, das Lohn oder Vergütung verlangt, sondern das Bekennen des Ereignisses, existiert das bekennende Subjekt gemäß dem ihm eigenen Charisma. Jede Subjektivität trifft auf ihre Teilung im Element einer sie betreffenden essentiellen Grundlosigkeit. Die Erlösungsoperation ist die Einsetzung eines Charismas.

Bei Paulus besteht zwischen dem Universalismus und dem Charisma, zwischen der Kraft der universalen Botschaft des Einen und der absoluten Unbegründetheit des Kämpfertums, eine fundamentale Verbindung. So heißt es in Röm. 3, 23-24: »Denn es ist hier kein Unterschied (διαστολή): sie sind allzumal Sünder und mangeln des Ruhmes, den sie bei Gott haben sollten, und werden ohne Verdienst (δωρεάν) gerecht aus seiner Gnade durch die Erlösung, die durch Christus Jesus geschehen ist«.

Δωρεάν ist ein starkes Wort; es heißt »durch bloßes Geschenk«, »ohne Ursache« oder sogar »vergeblich«. Zwischen dem »Für alle« des Universalen und dem »Ohne Ursache« besteht für Paulus eine wesentliche Verbindung.

Eine Botschaft an alle gibt es nur im Regime des Ohne Ursache. Nur was absolut grundlos ist, kann an alle gerichtet sein. Nur das Charisma und die Gnade stehen zu einem universalen Problem im richtigen Verhältnis.

Das Subjekt, das durch das Charisma in der grundlosen Praxis der Adresse an alle konstituiert ist, besteht notwendig auf dem Nichtbestehen von Unterschieden. Nur wer charismatisch und mithin völlig grundlos ist, besitzt jene Macht der Überschreitung des Gesetzes, die die hergebrachten Unterschiede zu Fall bringt.

Hier hat das berühmte paulinische Thema des »Überfließens« der Gnade seine Wurzeln. Das Gesetz verlangt eine prädikative weltliche Mannigfaltigkeit, es gibt jedem Teil des Ganzen, was ihm zusteht. Die ereignishafte Gnade verlangt eine Mannigfaltigkeit, die sich selbst überschreitet, die nicht beschreibbar ist, die über sich selbst ebenso wie über die starren Einteilungen des Gesetzes hinausgeht.

Die tiefere ontologische These ist die, dass der Universalismus annimmt, man könne das Mannigfaltige nicht als Teil, sondern als Überschreitung seiner selbst, als Ortlosigkeit, als Nomadentum der Grundlosigkeit denken. Wenn man unter »Sünde« die subjektive Ausübung des Todes als Existenzweg versteht und mithin als den legalen Kult der Partikularität, dann wird sofort klar, dass, was sich aufs Ereignis stützt (also eine wie immer beschaffene Wahrheit), sich stets im Zustand einer nicht prädikablen Überschreitung über alles befindet, was die »Sünde« umschreibt. Eben das ist es, was der berühmte Text von Röm. 5, 20-21, sagt:

> Das Gesetz aber ist nebeneingekommen, auf dass die Sünde mächtiger würde. Wo aber die Sünde mächtig geworden ist, da ist die Gnade viel mächtiger geworden, auf dass, gleichwie die Sünde geherrscht hat zum Tode, so auch herrsche die Gnade durch die Gerechtigkeit zum ewigen Leben durch Jesus Christus, unseren Herrn.

Tod und Leben, die beiden subjektiven Wege, deren Nicht-Beziehung das geteilte Subjekt konstituiert, sind auch zwei Typen von Mannigfaltigkeit:

- die partikularisierende Mannigfaltigkeit, die mit ihrer eigenen Begrenzung übereinstimmt und durch das Prädikat ihrer Begrenzung gekennzeichnet ist. Ihre Chiffre oder ihr Buchstabe ist das Gesetz;
- die über sich hinausgehende Mannigfaltigkeit, die die Universalität stützt. Das Übersichhinausgehen verbietet es, diese Mannigfaltigkeit als Totalität darzustellen. Das Überfließen kann auf kein Ganzes bezogen werden. Darum autorisiert es das Niederlegen der Differenzen, ein Niederlegen, welches selbst der Prozess des Übersichhinausgehens ist.

Was »Gnade« genannt wird, ist das in der Folge des Ereignisses bestehende Vermögen einer Mannigfaltigkeit, ihre eigene Grenze zu überschreiten, eine Grenze, deren tote Chiffre in einem gesetzlichen Gebot besteht. Die Opposition Gnade/Gesetz bezeichnet zweierlei Lehren von der Mannigfaltigkeit.

Zu verstehen bleibt, warum das subjektive Motiv, das mit dem Gesetz verbunden wird, das der Sünde ist. Es handelt sich dabei um eine höchst vertrackte Spitzfindigkeit. Sie bewirkt jedoch, dass »Gesetz« in der Zusammensetzung des Subjekts zu einem der Namen des Todes wird.

Was hier gemeint ist, ist das Begehren (ἐπιθυμία), und es besteht kein Grund, dieses Wort mit der Beichtstuhl-Vokabel »Gelüste« zu übersetzen. Um zum »neuen Leben« des Subjekts vorzudringen, ist gründlichstes Verständnis der zwischen Begehren, Gesetz, Tod und Leben bestehenden Verbindungen vonnöten.

Die paulinische Grundthese ist die, dass das Gesetz und nur das Gesetz das Begehren mit einer Autonomie ausstattet, die hinreicht, das Subjekt dieses Begehrens im Hinblick auf diese Autonomie den Platz des Toten einnehmen zu lassen.

Das Gesetz ist es, welches dem Begehren Leben verleiht. Dadurch aber versetzt es das Subjekt in die Lage, nur noch den Weg des Todes einschlagen zu können.

Was genau ist die Sünde? Sie ist nicht das Begehren als solches, denn dann wäre nicht klar, dass sie ans Gesetz und an den Tod gebunden ist. *Die Sünde ist das Leben des Begehrens als Autonomie, als Automatismus.* Das Gesetz ist erforderlich, um das automatische Leben des Begehrens zu befreien, den Automatismus der Wiederholung. Denn einzig das Gesetz *fixiert* den Gegenstand des Begehrens und bindet es an ihn, ganz unabhängig vom »Willen« des Subjekts. Dieser ohne das Gesetz undenkbare objektbezogene Automatismus des Begehrens ist es, der dem Subjekt den fleischlichen Weg des Todes zuweist.

Unverkennbar ist, was hier ins Spiel kommt, nichts Geringeres als das Problem des Unbewussten (Paulus nennt es das Unwillentliche, das, was ich nicht will, »ὃ οὐ θέλω«). Das Leben des vom Gesetz fixierten und befreiten Begehrens ist das, was sich, exzentrisch zum Subjekt, als unbewusster Automatismus abspielt, ein Automatismus, demgegenüber das unwillentliche Subjekt nur noch den Tod zu erfinden fähig ist.

Das Gesetz ist das, was das Begehren, indem es ihm sein Objekt bezeichnet, seiner repetitiven Autonomie ausliefert. Das Begehren nimmt dann in Form einer Überschreitung seinen Automatismus an. Was heißt hier »Überschreitung«? Um Überschreitung handelt es sich, wenn das vom Gesetz Verbotene, also negativ Benannte, zum Objekt eines Begehrens wird, das durch sich selbst anstelle und anstatt des Subjekts lebt. Dieser Kreuzungspunkt von Imperativ, Begehren und subjektivem Tod kondensiert sich bei Paulus in dem Satz: »Denn die Sünde nahm Anlass am Gebot und betrog mich und tötete mich durch dasselbe Gebot.« (Röm. 7, 11)

Nichts kann antikantischer angelegt sein als ein Den-ken, das die Autonomie des Begehrens, wenn dessen Objekt durchs Gebot des Gesetzes bezeichnet ist, als »Sünde« benennt und dann in der Folge das Subjekt auf den Platz des Toten versetzt sieht.

Wir haben hier vorgegriffen. Aber in dem vielleicht berühmtesten, aber auch heikelsten Text des Paulus, in Röm. 2, 7-23, ist alles im Einzelnen ausgeführt. Ich möchte diese Stelle, bevor ich fortfahre, in voller Länge zitieren:

> Was wollen wir denn nun sagen? Ist das Gesetz Sünde? Das sei ferne! Aber die Sünde erkannte ich nicht außer durchs Gesetz. Denn ich

wusste nichts von der Lust, hätte das Gesetz nicht gesagt: »Lass dich nicht gelüsten!« (Exodus 20, 17). Es nahm aber die Sünde Anlass am Gebot und erregte in mir jegliche Lust; denn ohne das Gesetz ist die Sünde tot. Ich aber lebte vormals ohne Gesetz; als aber das Gebot kam, ward die Sünde lebendig, ich aber starb; und es fand sich, dass das Gebot mir zum Tode gereichte, das mir doch zum Leben gegeben war. Denn die Sünde nahm Anlass am Gebot und tötete mich durch dasselbe Gebot. So ist also das Gesetz heilig, und das Gebot ist heilig, recht und gut. Ist denn, was doch gut ist, mir zum Tode geworden? Das sei ferne! Sondern die Sünde, auf dass sie recht als Sünde erscheine, hat mir durch das Gute den Tod gewirkt, damit die Sünde überaus sündig würde durchs Gebot. Denn wir wissen, dass das Gesetz geistlich ist; ich aber bin fleischlich, unter die Sünde verkauft. Denn ich weiß nicht, was ich tue. Denn ich tue nicht, was ich will; sondern was ich hasse, das tue ich. Wenn ich aber das tue, was ich nicht will, so gebe ich zu, dass das Gesetz gut sei. So tue nun nicht ich es, sondern die Sünde, die in mir wohnt. Denn ich weiß, dass in mir, das ist in meinem Fleische, wohnt nichts Gutes. Wollen habe ich wohl, aber vollbringen das Gute finde ich nicht. Denn das Gute, das ich will, das tue ich nicht; sondern das Böse, das ich nicht will, das tue ich. Wenn ich aber tue, was ich nicht will, so tue nicht ich es, sondern die Sünde, die in mir wohnt. So finde ich nun ein Gesetz, dass mir, der ich will das Gute tun, das Böse anhanget. Denn ich habe Lust an Gottes Gesetz nach dem inwendigen Menschen; ich sehe aber ein ander Gesetz in meinen Gliedern, das da widerstreitet dem Gesetz in meinem Gemüte und nimmt mich gefangen in der Sünde Gesetz, welches ist in meinen Gliedern.

Das gesamte Denken des Paulus zielt hier auf eine Theorie des subjektiven Unbewussten ab, die durch die Opposition Leben/Tod strukturiert ist. Das Verbot des Gesetzes ist das, wodurch sich das Objektbegehren »unwillentlich«, unbewusst, will sagen als Leben der Sünde erfüllen kann. Dadurch wechselt das Subjekt, welches aus dem Zentrum dieses Begehrens entfernt ist, auf Seiten des Todes.

Worauf es Paulus ankommt, ist, dass diese Erfahrung (von der er offenkundig fast im Stil von Augustinus' *Bekenntnissen* spricht) unter der Bedingung des Gesetzes eine singuläre Verfasstheit sichtbar macht, in der das Leben, wie das Subjekt auf Seiten des Todes, *auf Seiten der Sünde* ist.

Wenn sich das Subjekt in einer anderen Verfasstheit wiederfinden soll, in der es selbst auf seiten des Lebens stünde und die Sünde, will sagen der Automatismus der Wiederholung, den Platz des Toten einnähme, dann muss mit dem Gesetz gebrochen werden. Dies ist die unerbittliche Folgerung des Paulus.

Wie organisiert sich das Subjekt einer universalen Wahrheit, wenn das Gesetz seine Teilung nicht stützen kann? Die Auferstehung fordert das Subjekt auf, sich als solches im Namen des Glaubens (πίστις) zu identifizieren, und das heißt: unabhängig von Ergebnissen oder vorgegebenen Formen, die man Werke nennt. Genau diesen Punkt bezeichnet das Wort »πίστις« (Glaube, Überzeugung): das Fehlen jeder Kluft zwischen Subjekt und Subjektivierung. In diesem Fehlen, welches das Subjekt ständig für die Wahrheit in Dienst nimmt und ihm die Ruhe verbietet, schreitet die Eine Wahrheit fort zu allen.

Vielleicht können wir aber an dieser Stelle – indem wir die Figuren, die bei Paulus durch die Virulenz der Fabel induziert sind, rekapitulieren und generalisieren – das, was materialistischen Wert hat, in zwei Theoremen ordnen und so unseren eigenen Materialismus der Gnade entwerfen.

Theorem 1: Ein Eines gibt es nur für alle, und es beruht nicht auf dem Gesetz, sondern auf dem Ereignis.

Die Universalität einer Wahrheit konstituiert sich in der Rückwirkung des Ereignisses. Das Gesetz ist dem »Für alle« nicht angemessen, weil es immer staatliches Gesetz, Gesetz der Kontrolle über die Teile, partikulares Gesetz ist. Ein Eines gibt es nur auf Kosten des Gesetzes. Die Universalität ist organisch an die Kontingenz dessen gebunden, was uns geschieht, nämlich das sinnlose Überfließen der Gnade.

Theorem 2: Nur das Ereignis lässt, als illegale Kontingenz, eine sich selbst übersteigende Mannigfaltigkeit geschehen und damit die Möglichkeit, die Endlichkeit zu überschreiten.

Dem entspricht subjektiv, wie Paulus klar gezeigt hat, dass jedes Gesetz die Chiffre einer Endlichkeit ist. Das zwingt es dazu, sich an den Weg des Fleisches und letztlich an den Tod zu binden. Was den Mono-Theismus durch eine Partikularisierung seiner Adresse außer Kraft setzt, setzt auch das Unendliche außer Kraft.

Aber begeben wir uns noch einmal kurz in das Labyrinth des Römerbriefs.

Wir haben bereits darauf verwiesen: ohne das Gesetz gäbe es nicht das befreite, autonome, automatische Begehren. Es gibt jedoch ein ununterschiedenes, ungeteiltes Leben, vielleicht etwas wie das adamitische Leben, das vor dem Sündenfall und vor dem Gesetz liegt. Es ist eine Art Kindheit, an die Paulus erinnert, wenn er sagt: »Ich aber lebte vormals ohne Gesetz«. Denn dieses »Leben« ist nicht das, welches das gesamte Reale des geistigen Wegs im geteilten Subjekt ausmacht, sondern eines, das die beiden Wege ungetrennt lässt, ist das Leben eines als voll oder ungeteilt geltenden Subjekts. Wenn man dieses vorgesetzliche »Vormals« annimmt, nimmt man ein unschuldiges Subjekt an, das noch nicht einmal den Tod erfunden hat. Oder vielmehr ist der Tod auf Seiten des Begehrens: »Ohne das Gesetz ist die Sünde tot.« Das soll heißen: ohne das Gesetz gibt es keine lebendige Autonomie des Begehrens. Im ununterschiedenen Subjekt bleibt das Begehren eine leere, inaktive Kategorie. Was später der Weg des Todes oder das sein wird, was das Subjekt an den Platz des Toten drängt, ist nicht lebendig. Vormals, »vor dem Gesetz«, ist der Weg des Todes tot. Nicht weniger aber bleibt die Frage des Heils diesem unschuldigen Leben fremd.

»Mit dem Gesetz« dagegen ist das Subjekt definitiv aus der Einheit, der Unschuld herausgetreten. Seine angenommene Ununterschiedenheit ist nicht mehr haltbar. Das Begehren, dem das Gesetz sein Objekt bezeichnet, findet sich als überschreitendes Begehren bestimmt und autonomisiert. Mit dem Gesetz erwacht das Begehren wieder zum Leben, ist eine aktive, volle Kategorie. Dank der Mannigfaltigkeit von Objekten, die das Gesetz durchs Verbot und die Benennung vorgibt, kommt es zur Konstitution des fleischlichen Wegs. Die Sünde erscheint als Automatismus des Begehrens.

Der Weg der Sünde ist jedoch der des Todes. Wir können also das Herzstück der paulinischen Aussage so formulieren: *mit dem*

Gesetz wird der Weg des Todes, der selbst tot war, wieder lebendig. Das Gesetz macht den Tod leben, und das Subjekt fällt als Leben nach dem Geist auf die Seite des Todes. Das Gesetz schlägt das Leben dem Tod und den Tod dem Weg des Lebens zu.

Der Tod des Lebens ist das Ich (in Todesstellung). Das Leben des Todes ist die Sünde.

Man beachte das kraftvolle Paradox dieser Disjunktion von (totem) Ich und (lebendiger) Sünde. Es bedeutet, dass niemals ich es bin, der sündigt, sondern dass die Sünde in mir sündigt: »Als aber das Gebot kam, ward die Sünde lebendig, ich aber starb.« Und: »So tue nun nicht ich es, sondern die Sünde, die in mir wohnt.« Die Sünde als solche interessiert Paulus nicht, der alles ist außer einem Moralisten. Was zählt, ist ihre subjektive Position, ihre Genealogie. Die Sünde ist das Leben des Todes. Sie ist das, dessen das Gesetz und nur das Gesetz fähig ist. Der Preis, der dafür zu entrichten ist, besteht darin, dass das Leben in Gestalt des Ich den Platz des Toten einnimmt.

Die extreme Spannung des ganzen Texts rührt daher, dass Paulus eine Exzentrierung des Subjekts, eine besonders raffinierte Form seiner Teilung auszusprechen versucht. Wenn das Subjekt des Lebens den Platz des Todes einnimmt und *vice versa*, dann folgt daraus, dass Wissen und Wille auf der einen Seite und Tun und Handeln auf der anderen vollkommen disjunkt sind. Dies ist das empirisch beobachtbare Wesen der Existenz unter dem Gesetz. Diese Exzentrierung hat übrigens eine Parallele in der Lacanschen Interpretation des *cogito* (da, wo ich denke, bin ich nicht, und da, wo ich bin, denke ich nicht).

Verallgemeinern wir ein bisschen. Der Mensch des Gesetzes ist für Paulus derjenige, bei dem das Tun vom Denken getrennt ist. Dies ist die Wirkung der Verführung durchs Gebot. Diese Figur des Subjekts, wo zwischen dem toten Ich und der unwillentlichen Automatik des lebendigen Begehrens Teilung herrscht, ist für das Denken eine Figur der Ohnmacht. Im Grunde ist die Sünde weniger eine Verfehlung als eine Unfähigkeit des lebendigen Denkens, das Handeln zu bestimmen. Unter der Wirkung des Gesetzes löst sich das Denken in Ohnmacht und Spitzfindigkeit auf, denn das Subjekt (das tote Ich) ist von einer grenzenlosen Macht, nämlich der lebendigen Automatik des Begehrens, abgeschnitten.

Wir postulieren also das

Theorem 3: Das Gesetz ist das, was das Subjekt als Ohnmacht des Denkens konstituiert.

Das Gesetz ist jedoch vor allem die gebietende Kraft des Buchstabens. Die schreckliche Formulierung aus dem Zweiten Korintherbrief 3, 6-7, ist bekannt: »τὸ γράμμα ἀποκτέννει, τὸ δὲ πνεῦμα ζῳοποιεῖ«, der Buchstabe tötet, aber der Geist macht lebendig. Danach wird das Amt erwähnt »das mit Buchstaben (ἐν γράμμασιν) in Stein gehauen war und das doch nur den Tod bringt«. Der Buchstabe mortifiziert das Subjekt, insofern er dessen Denken von jeder Macht abtrennt.

Man kann übereinkommen, »Heil« Folgendes zu nennen (Paulus nennt es gerechtfertigtes Leben oder Rechtfertigung): dass das Denken vom Tun und von der Macht nicht getrennt zu sein braucht. Von Heil kann man sprechen, wenn die geteilte Figur des Subjekts das Denken in der Macht des Tuns unterstützt. Das ist es, was ich meinerseits eine Wahrheitsprozedur nenne.

Daraus ergibt sich das

Theorem 4: Es gibt keinen Buchstaben des Heils oder eine buchstäbliche Form einer Wahrheitsprozedur.

Das bedeutet, dass es nur Buchstaben des Automatismus, des Kalküls gibt. Reziprok dazu gilt: es gibt nur ein Kalkül des Buchstabens. Chiffrierung gibt es nur vom Tod. Jeder Buchstabe ist blind und operiert blind.

Wenn das Subjekt dem Buchstaben untersteht oder buchstäblich ist, stellt es eine disjunkte Korrelation dar – aus einem Automatismus des Tuns und einer Ohnmacht des Denkens.

Nennt man »Heil« den Zusammenbruch dieser Disjunktion, dann ist klar, dass das Heil von einem unvermittelten Auftreten ohne Gesetz abhängt, das dem Ohnmachtsmoment des Automatismus die Fesseln abnimmt.

Es ist wichtig, die Antidialektik von Heil und Sünde zu verstehen und aufzugreifen. Das Heil ist die Entfesselung der subjektiven Figur, die Sünde heißt. Wir haben gesehen, dass die Sünde nicht eine böse Tat ist, sondern eine subjektive Struktur. Die Sünde ist nichts anderes als die unter der Einwirkung des Gesetzes geschehende Permutation der Plätze von Leben und Tod. Das ist der

Grund, warum Paulus, ohne eine spitzfindige Theorie der Erbsünde nötig zu haben, einfach sagen kann: wir *sind* in der Sünde. Wenn das Heil die Blockierung des subjektiven Sündenmechanismus auflöst, zeigt sich diese Entfesselung als eine Lösung des Subjekts vom Buchstaben.

Diese Lösung vom Buchstaben ist nur denkbar, wenn man annimmt, dass einer der Wege des geteilten Subjekts transliteral ist. Solange wir »unter dem Gesetz« sind, bleibt dieser Weg tot (er ist in Ich-Stellung). Nur die Auferstehung macht es möglich, dass er wieder aktiv wird. Die Auflösung der Verflechtung von Tod und Leben, in der das Leben soviel wie ein Rest des Todes war, ist einzig und allein vom Exzess der Gnade her wahrnehmbar, also von einem reinen Akt.

»Gnade« will sagen, dass das Denken von der brutalen Wiederherstellung des Wegs des Lebens, die im Subjekt geschieht, von der wiedergefundenen Konjunktion von Denken und Tun, *umfassende* Rechenschaft nicht ablegen kann. Das Denken kann nur durch etwas, was seine Ordnung überschreitet, aus seiner Ohnmacht befreit werden. »Gnade« benennt das Ereignis als Bedingung des aktiven Denkens. Die Bedingung selbst überschreitet unvermeidlich das von ihr Bedingte. Das heißt, dass die Gnade dem Denken, dem sie Leben schenkt, zum Teil entzogen ist. Oder, wie Mallarmé, dieser Paulus des modernen Gedichts, sagt: gewiss tut jeder Gedanke einen Würfelwurf, aber genauso gewiss ist, dass er den Zufall, dem er sich damit verdankt, niemals bis ans Ende wird denken können.

Die Figur des vom Gesetz organisierten Chiasmus Tod/ Leben kann für Paulus nur durch eine nicht verortbare, sich auf den Tod und aufs Leben erstreckende Operation aufgehoben, d.h. aufs neue permutiert werden, und diese Operation ist die Auferstehung. Einzig eine Auferstehung weist Tod und Leben aufs neue ihren Platz an, indem sie zeigt, dass das Leben nicht notwendig den Platz des Toten einnimmt.

Kapitel VIII

Die Liebe als universale Macht

Es ist also klar, dass keine Moral, wenn man darunter den praktischen Gehorsam gegen ein Gesetz versteht, die Existenz eines Subjekts rechtfertigen kann: »Wir wissen, dass der Mensch durch des Gesetzes Werke nicht gerecht wird, sondern durch den Glauben an Jesus Christus« (Gal. 2, 16). Das Christusereignis ist, mehr noch, die eigentliche Abschaffung des Gesetzes, welches nur das Reich des Todes war: »Christus aber hat uns erlöst von dem Fluch des Gesetzes« (Gal. 3, 13). So wie unterm Gesetz das Subjekt, das aus dem Zentrum des automatischen Lebens des Begehrens gerückt ist, den Platz des Toten einnahm und die Sünde (oder das unbewusste Begehren) in ihm ein autonomes Leben lebte, so nimmt das Subjekt, das von der Auferstehung aus dem Tod hinausgestoßen wurde, an einem neuen Leben teil, das den Namen Christus trägt. Die Auferstehung des Christus ist zugleich auch die *unsere*, die den Tod, in den sich unterm Gesetz das Subjekt in der geschlossenen Form des Ich zurückgezogen hatte, zerbricht: »Ich lebe; doch nun nicht ich, sondern Christus lebt in mir« (Gal. 2, 20). Umgekehrt muss, wer weiter Wahrheit und Gerechtigkeit durch das Befolgen legaler Gebote für erreichbar hält, zum Tod zurückkehren, muss annehmen, dass uns im Dasein keine Gnade gewährt wurde, und die Auferstehung leugnen: »Ich werfe nicht weg die Gnade Gottes; denn wenn durch das Gesetz die Gerechtigkeit (δικαιοσύνη) kommt, dann ist Christus vergeblich gestorben« (Gal. 2, 21).

Heißt das, dass das Subjekt, das sich an den christlichen Diskurs bindet, gänzlich *ohne Gesetz* ist? In dem Passus des Römerbriefs, den wir ausführlich kommentiert haben, gibt es mehrere Hinweise, die aufs Gegenteil schließen lassen und uns auffordern, die äußerst schwierige Frage nach der Existenz eines *transliteralen, eines Gesetzes des Geistes* zu stellen.

Eben da, wo Paulus es unternimmt, das Gesetz außer Kraft zu setzen und seine Beziehung zur unbewussten Begehrlichkeit aufzudecken, erinnert er auch daran, dass »das Gebot heilig, recht und gut« ist, »ἡ ἐντολὴ ἁγία καὶ δικαία καὶ ἀγαθή« (Röm. 7, 12). Mehr noch, er behauptet, die gesamte vorhergehende Dialektik anscheinend mit einem Schlag umstürzend, »dass das Gesetz geistlich ist«, »ὁ νόμος πνευματικός« (*ibid.*, 14).

Es scheint also, dass zwischen der legalisierenden Subjektivierung, die Todesmacht ist, und einem vom Glauben erhöhten Gesetz, das dem Geist und dem Leben angehört, zu unterscheiden ist.

Unsere Aufgabe besteht darin, die scheinbare Antinomie von zwei Aussagen zu denken:

1. »Christus ist des Gesetzes Ende« (τέλος νόμου Χριστὸς, Röm. 10, 4).
2. »So ist nun die Liebe des Gesetzes Erfüllung.« (πλήρωμα νόμου ἡ ἀγάπη, Röm. 13, 10).

Unter der Bedingung des Glaubens, der bekannten Überzeugung, benennt die Liebe ein nichtliterales Gesetz, das dem gläubigen Subjekt seine Konsistenz verleiht und die vom Ereignis bedingte Wahrheit in der Welt verwirklicht.

Dies ist in meinen Augen eine These von genereller Tragweite. Wenn eine Wahrheit ihr Subjekt als abgelöst von den staatlichen Gesetzen der Situation induziert, dann heißt das keineswegs, dass ihr Verlauf nicht dennoch nach einem anderen Gesetz, das die Wahrheit allen zueignet und das Subjekt universalisiert, konsistent ist.

Theorem 5: Ein Subjekt macht aus der universalen Adresse der Wahrheit, deren Prozess es stützt, ein nichtliterales Gesetz.

Diese universale Adresse, die der Glaube, die reine Subjektivierung, nicht durch sich selbst konstituiert, nennt Paulus »Liebe«, ἀγάπη, was man lange mit der uns nicht mehr viel sagenden »Barmherzigkeit« übersetzt hat.

Ihr Prinzip will sagen, dass das Subjekt, das als Denken mit der Gnade des Ereignisses im Einklang steht – dies ist die Subjektivierung (der Glaube, die Überzeugung) – , wieder den Platz des Lebens einnimmt, obwohl es einst tot war. Es ergreift aufs Neue die Attribute der Macht, die sich auf Seiten des Gesetzes befunden hatten und deren subjektive Figur die Sünde war. Es findet die lebendige Einheit von Denken und Handeln wieder. Dieses Wiederergreifen macht aus dem Leben selbst ein universales Gesetz. Das Gesetz kehrt zurück als für alle gültige Artikulation des Lebens, als Weg des Glaubens, als Gesetz jenseits des Gesetzes. Das ist es, was Paulus die Liebe nennt.

Wieder darf der Glaube nicht mit der bloß inneren Überzeugung verwechselt werden, von der wir gesehen hatten, dass sie, sich selbst überlassen, nicht den christlichen, sondern den vierten Diskurs organisiert, den des unsagbaren Sagens, die Abschließung des mystischen Subjekts. Die materielle Gewissheit der wahren Subjektivierung ist jedoch das *öffentliche Bekennen* des Ereignisses unter seinem Namen, der »Auferstehung«. Es gehört zum Wesen des Glaubens, sich öffentlich zu bekennen. Die Wahrheit ist kämpferisch, oder sie ist nicht. Paulus erinnert daran, indem er das Deuteronomium zitiert: »Das Wort ist dir nahe, in deinem Munde (στόμα) und in deinem Herzen (καρδία)«. Sicherlich ist die innere Überzeugung, die des Herzens, vonnöten, aber nur das öffentliche Bekennen des Glaubens versetzt das Subjekt in die Perspektive des Heils. Nicht das Herz rettet, sondern der Mund:

> Dies ist das Wort vom Glauben, das wir predigen. Denn so du mit deinem Munde bekennst Jesus, dass er der Herr sei, und glaubst in deinem Herzen, dass ihn Gott von den Toten auferweckt hat, so bist du gerettet. Denn wenn man von Herzen glaubt, so wird man gerecht; und wenn man mit dem Munde bekennt, so wird man gerettet. (Röm. 10, 8-10)

Das Reale des Glaubens ist ein tatsächliches Bekennen, das mit dem Wort »Auferstehung« aussagt, dass Leben und Tod nicht unvermeidlich so verteilt sein müssen, wie sie es im »alten Menschen« sind. Der Glaube nimmt öffentlich davon Kenntnis, dass die vom Gesetz gebotene subjektive Montage nicht die einzig mögliche ist. Allerdings verkündet der Glaube, wenn er die Auferstehung eines einzigen Menschen bekennt, lediglich eine *Möglichkeit* für alle. Die Auferstehung begründet den Glauben, dass eine neue Anordnung von Leben und Tod möglich ist, und das ist es zunächst, was zu bekennen ist. Aber diese Überzeugung lässt die Universalisierung des »neuen Menschen« in der Schwebe und sagt nichts über den Inhalt der Versöhnung zwischen lebendigem Denken und Handeln. Der Glaube sagt, dass wir die Ohnmacht überwinden und wiederfinden *können*, wovon das Gesetz uns getrennt hat. Der Glaube schreibt eine neue Möglichkeit vor, die noch bei keinem verwirklicht, aber dennoch im Christus schon real ist.

Die Liebe muss Gesetz werden, damit die Universalität, die der Wahrheit nach dem Ereignis eignet, sich beständig in die Welt einschreibt und die Subjekte auf den Weg des Lebens verpflichtet. Der Glaube ist das verkündete Denken einer möglichen Macht des Denkens, nicht aber schon diese Macht selbst. Denn der Glaube ist, wie Paulus kraftvoll sagt, nur »durch die Liebe tätig«, »πίστις δι᾽ ἀγάπης ἐνεργουμένη« (Gal. 5, 6).

So gesehen ist die Liebe für das christliche Subjekt gleichbedeutend mit der Rückkehr eines Gesetzes, das, obwohl nichtliteral, nichtsdestoweniger für die vom Bekennen des Glaubens initiierte subjektive Energie Prinzip und Beständigkeit darstellt. Für den neuen Menschen ist die Liebe die Vollendung des Bruchs, den er mit dem Gesetz vollzieht, ist Gesetz des Bruchs mit dem Gesetz, ist Gesetz der Wahrheit des Gesetzes. So gefasst lässt sich das Gesetz der Liebe sogar (Paulus lässt sich keine Gelegenheit entgehen, seine politischen Allianzen zu erweitern) durch die Erinnerung an den Inhalt des alten Gesetzes stützen, einen Inhalt, den die Liebe auf eine einzige Maxime zurückführt, die allerdings, bei Strafe des Rückfalls in den Tod, nicht in Stein gehauen werden darf, denn sie ist ganz und gar der Subjektivierung durch den Glauben untergeordnet:

> Seid niemand etwas schuldig, außer dass ihr euch untereinander liebet; denn wer den andern liebt, der hat das Gesetz erfüllt. Denn was da gesagt ist: »Du sollst nicht ehebrechen; du sollst nicht töten; du sollst nicht stehlen; dich soll nichts gelüsten«, und was noch mehr geboten ist, das wird in diesem Wort zusammengefasst: »Du sollst deinen Nächsten lieben wie dich selbst.« Die Liebe tut dem Nächsten nichts Böses. So ist nun die Liebe des Gesetzes Erfüllung (Röm. 13, 8f.).

Dieser Passus zeigt ein doppeltes Bemühen bei Paulus:

- die Vielzahl der gesetzlichen Vorschriften zu reduzieren, denn es ist diese Vielfältigkeit des Gebots, auf die sich in Form der Objekte die todbringende Autonomie des Begehrens bezieht. Vonnöten ist eine einzige, affirmative, nicht objektbezogene Maxime, die nicht durch die Überschreitung des Verbots die Unendlichkeit des Begehrens erregt;
- die Maxime muss so beschaffen sein, dass sie, um verstanden werden zu können, den Glauben verlangt.

Das »Liebe deinen Nächsten wie dich selbst« genügt diesen beiden Bedingungen (und hat überdies den großen Vorteil, dass es sich als Weisung im Alten Testament findet). Dieser einzige Imperativ enthält kein Verbot, ist reine Affirmation. Und er verlangt den Glauben, *denn ohne die Auferstehung hätte das dem Tod ausgelieferte Subjekt keinen hinreichenden Grund, sich selbst zu lieben.*

Paulus ist keineswegs ein Theoretiker der aufopfernden Liebe, durch die man sich selbst in der Hinwendung zum Anderen vergisst. Diese falsche Liebe, die will, dass sich das Subjekt in einer direkten Beziehung zur Transzendenz des Anderen vernichtet, ist nichts als narzisstische Anmaßung. Sie gehört dem vierten Diskurs an, dem des inneren und unsagbaren Sagens. Paulus weiß, dass es wahre Liebe nur in dem Maß gibt, wie man zunächst imstande ist, sich selbst zu lieben. Aber diese Liebesbeziehung des Subjekts zu sich selbst ist immer nur Liebe zu jener lebendigen Wahrheit, die das Subjekt, das sie bekennt, induziert. Die Liebe untersteht also der Autorität des Ereignisses und seiner Subjektivierung im Glauben, weil einzig das Ereignis das Subjekt autorisiert, anderes zu sein als ein totes Ich, das man nicht lieben kann.

Das neue Gesetz ist damit die Entfaltung hin zu den anderen und hin zu allen, ist Entfaltung der Macht der Selbstliebe, so wie sie von der Subjektivierung (der Überzeugung) ermöglicht wird. *Die Liebe ist genau das, dessen der Glaube fähig ist.*

Ich nenne diese universale Macht der Subjektivierung eine ereignisbezogene Treue, und es stimmt, dass die Treue das Gesetz einer Wahrheit ist. Die Liebe ist im paulinischen Denken eben die Treue zum Christusereignis, gemäß einer Macht, die der Selbstliebe eine *universale Bestimmung* gibt. Die Liebe ist es, die das Denken zu einer Macht verwandelt. Darum trägt nur sie, und nicht der Glaube, die *Kraft* des Heils.

Es handelt sich dabei um das

Theorem 6: Was einer Wahrheit Macht verleiht und die subjektive Treue determiniert, ist die Adresse der vom Ereignis induzierten Beziehung zu sich selbst an alle, und nicht diese Beziehung selbst.

Man könnte dies das Theorem des Kämpfers nennen. Keine Wahrheit ist vereinzelt oder partikular.

Um die paulinische Version des Kämpfertheorems zu verstehen, empfiehlt es sich, von zwei scheinbar kontradiktorischen Aussagen auszugehen.

Paulus scheint das Heil ausschließlich mit dem Glauben zu verbinden. Oft wird sogar genau darauf sein Denken reduziert. Man nehme etwa die folgende Stelle (das Thema kehrt in den Briefen immer wieder):

> Doch weil wir wissen, dass der Mensch durch des Gesetzes Werke nicht gerecht wird, sondern durch den Glauben an Christus Jesus, sind auch wir gläubig geworden an Christus Jesus, damit wir gerecht werden durch den Glauben an Christus und nicht durch des Gesetzes Werke; denn durch des Gesetzes Werke wird kein Fleisch gerecht. (Gal. 2, 16)

Mit vergleichbarer Energie jedoch schreibt Paulus das Heil einzig der Liebe zu; er geht sogar so weit, den Glauben ohne Liebe bloß hohlen Subjektivismus zu nennen. Zum Beispiel hier:

> Wenn ich mit Menschen- und Engelszungen redete und hätte der Liebe nicht, so wäre ich ein tönend Erz oder eine klingende Schelle. Und wenn ich weissagen könnte und wüsste alle Geheimnisse und alle Erkenntnis und hätte allen Glauben, so dass ich Berge versetzte, und hätte der Liebe nicht, so wäre ich nichts. Und wenn ich alle meine Habe den Armen gäbe und ließe meinen Leib brennen und hätte der Liebe nicht, so wäre mir's nichts nütze.
> (1. Kor. 13, 1-3)

Und wenn es gilt, die wichtigsten drei subjektiven Operationen des neuen Menschen zu klassifizieren, den Glauben, die Hoffnung und die Barmherzigkeit, oder vielmehr die Überzeugung, die Gewissheit und die Liebe, dann gibt Paulus umstandslos der Liebe den Vorzug: »Nun aber bleibt Glaube, Hoffnung, Liebe, diese drei; aber die Liebe ist die größte unter ihnen.« (1. Kor. 13, 13)

Einerseits begründet das ereignisbezogene Bekennen das Subjekt; andererseits ist es ohne Liebe, ohne Treue nutzlos. Man könnte sagen, dass eine Subjektivierung, die nicht die Kraftquelle ihrer universalen Adresse findet, die Wahrheit verfehlt, deren einziger Zeuge sie doch, in ihrem Auftreten selbst, zu sein scheint.

Beim Vorrang der Liebe, die als einziges in der Welt die Einheit von Denken und Handeln bewirkt, ist jedoch auch das paulinische Vokabular, das immer von großer Präzision ist, zu beachten. Wenn von der Subjektivierung durch den Glauben die Rede ist, spricht Paulus nicht von Heil (σωτηρία), sondern von Rechtfertigung (δικαίωμα). Es stimmt, dass der Mensch »allein durch den Glauben« gerechtfertigt wird (Röm. 3, 28), aber es stimmt nicht weniger, dass er nur durch die Liebe gerettet wird. Man erinnere sich bei dieser Gelegenheit, dass »Rechtfertigung« in seiner Wurzel noch das legale Motiv der Gerechtigkeit festhält, während Heil ganz einfach »Befreiung« heißt. So schafft die Subjektivierung, gemäß dem Möglichen, das die Auferstehung eines Einzigen angibt, den gerechten Raum einer Befreiung; aber nur die Liebe, die die Universalität der Adresse mitumfasst, führt sie wirklich durch. Sie allein ist Leben der Wahrheit, ist Freude der Wahrheit. Die Liebe, sagt Paulus, »freuet sich der Wahrheit«, »ἡ ἀγάπη [...] συγχαίρει τῇ ἀληθείᾳ«(1. Kor. 13, 5).

Die Intuition des Paulus ist, dass jedes Subjekt die Artikulation einer Subjektivierung und einer Beständigkeit ist. Das bedeutet auch, dass es kein augenblickliches Heil gibt, dass die Gnade selbst nur der Hinweis auf eine Möglichkeit ist. Das Subjekt muss in seiner Mühe und nicht nur in seinem unvermittelten Auftreten gegeben sein. Der Name dieser Mühe ist »Liebe«. Die Wahrheit ist für Paulus immer nur »der Glaube, der durch die Liebe tätig ist« (Gal. 5, 6).

Das heißt so viel wie, dass die Energie einer Wahrheit, die sie in der Welt existieren lässt, identisch ist mit ihrer Universalität, deren subjektive Form unter dem paulinischen Namen Liebe darin besteht, dass sie sich unermüdlich an alle anderen wendet – Griechen und Juden, Männer und Frauen, Freie und Sklaven. Denn, sagt Paulus, »wir können nichts wider die Wahrheit, sondern für die Wahrheit«, »οὐ δυνάμεθα τι κατὰ τῆς ἀληθείας, ἀλλὰ υπὲρ τῆς ἀληθείας« (2. Kor. 13, 8).

Theorem 7: Der subjektive Prozess einer Wahrheit ist eins und dasselbe wie die Liebe zu dieser Wahrheit. Und das kämpferische Reale dieser Liebe besteht in der Adresse dessen, was sie konstituiert, an alle. Die Materialität des Universalismus ist die kämpferische Dimension jeder Wahrheit.

Kapitel IX

Die Hoffnung

Paulus nimmt, wie wir gesehen haben, an, dass drei Dinge bleiben, nämlich »Glaube (πίστις), Hoffnung (ἐλπίς), Liebe (ἀγάπη)« (1. Kor. 13, 13). Wir haben die subjektive Korrelation von Glaube und Liebe dargelegt. Wie steht es mit der Hoffnung?

Deskriptiv bezieht sich die Hoffnung bei Paulus und seinen Nachfolgern auf die Gerechtigkeit. Der Glaube autorisiert, auf die Gerechtigkeit zu hoffen. So in Röm. 10, 10: »Denn wenn man von Herzen glaubt, so wird man gerecht.«

Aber um welche Gerechtigkeit handelt es sich? Will Paulus sagen, dass die Hoffnung auf Gerechtigkeit die auf ein Urteil, auf ein Jüngstes Gericht ist? Es wäre die Hoffnung auf ein künftiges Ereignis, das zwischen Verworfenen und Geretteten unterscheiden würde. Es würde Gerechtigkeit geschehen, und diesem endgültigen Tribunal der Wahrheit würde die Hoffnung sich anvertrauen. Im ersten Thessalonicherbrief wird der Glaube mit dem nützlichen Werk (ἔργον) und die Liebe mit der Mühsal, der Plackerei verglichen. Die Hoffnung dagegen verweist auf die Ausdauer, die Geduld; sie ist die Subjektivität der Fortsetzung des subjektiven Prozesses.

Der Glaube wäre die Öffnung zum Wahren, die Liebe wäre die universalisierende Wirksamkeit des von ihm zurückgelegten Wegs, die Hoffnung schließlich wäre eine Maxime der Ausdauer auf diesem Weg.

Wie artikulieren sich die Ideen des Gerichts, der schließlich gewährten Gerechtigkeit, und die der Ausdauer, des Imperativs: »Man muss fortfahren«? Hält man sich ans Gericht, so hofft man auf Belohnung. Hält man sich an die Ausdauer, so erhält man eine subjektive Figur, die, außer dass sie an einer Wahrheit mitarbeitet, gänzlich interesselos ist. Beide Tendenzen haben eine lange Geschichte, die immer noch politische Resonanzen hat. Die Frage ist stets die, auf welcher Seite man bei einem Subjekt die kämpferische Energie sucht.

Wenn man für die finale Belohnung optiert, richtet sich das Subjekt wieder am Objekt aus. Ist die Hoffnung jedoch das Prinzip der Ausdauer, so bleibt man im rein Subjektiven. Das Christentum hat diese Spannung durchmessen und dabei fast immer die aus der Sicht der Kirche volkstümlichere Belohnung bevorzugt, so wie der gewöhnliche Syndikalismus sich auf die Ansprüche der Leute beruft, um sich dann von ihren »unrealistischen« politischen Aufwallungen besser distanzieren zu können.

Das Problem besteht darin, in welchem Verhältnis die Hoffnung zur Macht steht. Stärkt sie die Macht *von außen*, als Funktion dessen, was man erhofft? Gibt es ein künftiges Ereignis, das uns dafür belohnen wird, dass wir das Ereignis, das uns konstituiert, unter Mühen bekannt haben? Die Hoffnung ist dann eine Verkettung, die das Subjekt in das Intervall zwischen zwei Ereignissen versetzt und, um den Glauben ans erste aufrechtzuerhalten, in der Hoffnung aufs zweite Halt sucht.

Die klassische, objektivierende Lehre ist die, dass das Jüngste Gericht die Gläubigen legitimieren wird, indem es die Ungläubigen bestraft. Die Gerechtigkeit ist dann eine Verteilung, wie man an den großen Gemälden etwa von Tintoretto oder Michelangelo sieht, die den Kontrast auskosten, der zwischen der strahlenden Himmelfahrt der belohnten Kämpfer und dem finsteren Gepurzel der gestürzten Schurken besteht.

Immer schon war der Hölle künstlerisch und öffentlich mehr Erfolg beschieden als dem Paradies, denn wenn man die Hoffnung so auffasst, verlangt dieses Thema die Idee einer Bestrafung des Bösen. Die Legitimierung des Glaubens und der Liebe durch die Hoffnung ist dann rein negativ. Die Hoffnung ist dann vom Hass auf die anderen, vom Ressentiment durchzogen. Dann allerdings scheint die Hoffnung schwer vereinbar mit jener Versöhnung im Universalen des Denkens und der Macht, die Paulus die Liebe nennt.

Und wirklich ist bei Paulus die gerichtliche und objektive Konzeption der Hoffnung nicht zu finden. Allerdings ist er ein heftiger und nachtragender Mann (der Weg des Todes darf nicht aufhören, das Subjekt zu teilen), und so unterläuft ihm gelegentlich die Andeutung, dass die Bösen, also zunächst seine politischen Feinde beim Aufbau der christlichen Kerngruppen, keine allzu gute Behandlung zu erwarten haben. Als Jude des frühen Kaiserreichs, der er ist, stellt er sich sogar bisweilen vor, dass die Zeit gemessen und das Ende der Welt nahe ist: »Und das tut, weil ihr die Zeit wisset, nämlich dass die Stunde da ist, aufzustehen vom Schlaf, denn unser Heil ist jetzt näher, als da wir gläubig wurden. Die Nacht ist vorgerückt, der Tag aber nahe herbeigekommen. So lasset uns ablegen die Werke der Finsternis und anlegen die Waffen des Lichtes« (Röm. 13, 11). Es gibt jedoch bei Paulus nur sehr wenige Zugeständnisse an diese apokalyptische und aggressive Atmosphäre, und noch weniger verbindet er die Hoffnung mit der Genugtuung über die Bestrafung der Gottlosen.

Die Leidenschaft des Paulus ist nämlich der Universalismus, und er wird nicht umsonst der »Apostel der Völker« genannt. Seine klarste Überzeugung besteht darin, dass die ereignishafte Figur der Auferstehung überall über ihren realen und kontingenten Ort, welcher die Gemeinschaft der Gläubigen ist, so wie sie gegenwärtig existiert, hinausgeht. Die Arbeit der Liebe liegt noch vor uns, und das Reich ist groß. Auch wenn irgendein Mensch oder irgendein Volk alle Anzeichen der Gottlosigkeit und der Unwissenheit aufweisen, müssen sie zuallererst als die gesehen werden, denen der Kämpfer die Botschaft überbringen muss. Der paulinische Universalismus schließt aus, dass der Inhalt der Hoffnung ein Privileg ist, das den Gläubigen des Tages gewährt wird. Es ist nicht stimmig, die verteilende Gerechtigkeit zum Referenten der Hoffnung zu machen.

Die Hoffnung ist für Paulus letztlich keine auf einen objektiven Sieg. Es ist im Gegenteil der subjektive Sieg, der die Hoffnung schafft. Versuchen wir den folgenden schwierigen Text zu verstehen, der für jeden, der für eine Wahrheit kämpft, von großer Tragweite ist:

> [...] und wir rühmen uns der Hoffnung der zukünftigen Herrlichkeit, die Gott geben wird. Nicht allein aber das, sondern wir rühmen uns auch der Trübsale, weil wir wissen, dass Trübsal Geduld bringt; Geduld aber bringt Bewährung; Bewährung aber bringt Hoffnung; Hoffnung aber lässt nicht zuschanden werden (Röm. 5, 2-5).

Die subjektive Dimension, die »Hoffnung« heißt, ist die bestandene Probe, nicht das, in dessen Namen sie bestanden wurde. Die Hoffnung ist »Bewährung«, Beharrlichkeit der Liebe in der Probe, und keineswegs die Vision der Belohnung oder der Züchtigung. Die Hoffnung ist Subjektivität einer siegreichen Treue, ist Treue zur Treue, nicht die Vorstellung ihres künftigen Ergebnisses.

Die Hoffnung bezeichnet das Reale der Treue in der Probe ihrer Ausübung, hier und jetzt. So lässt sich die änigmatische Wendung, die Hoffnung lasse »nicht zuschanden werden«, verstehen, eine Aussage, die an diejenige Lacans gemahnt, die Angst sei dasjenige, »was nicht trügt« – eben aufgrund ihres Realitätsgehalts, des Realitätsexzesses, dem sie sich verdankt. Die Hoffnung, so könnte man sagen, ist nicht das Imaginäre einer endlich gewährten Gerechtigkeit, sondern das, was die Geduld der Wahrheit oder die praktische Universalität der Liebe in der Probe des Realen begleitet.

Wenn Paulus die Hoffnung – davon, dass er ganz allgemein von der Idee eines Glaubens-»Lohns« nichts hält, einmal abgesehen – nicht auf das Imaginäre einer Bezahlung ausrichten kann, dann weil die Auferstehung außer dem universalen Charakter ihrer Operation keinerlei Sinn hat. Nichts erlaubt mehr die Festlegung von Teilungen oder Verteilungen, sobald die Kontingenz der Gnade ins Spiel kommt: »So ist auch durch *eines* [Menschen] Gerechtigkeit die Rechtfertigung zum Leben für alle Menschen gekommen.« (Röm. 5, 18) Das »alle Menschen« kehrt immer wieder: »Denn gleichwie sie in Adam *alle* sterben, so werden sie in Christus *alle* lebendig gemacht werden« (1. Kor. 15, 22). Rache und Ressentiment haben hier keinen Platz. Die Hölle, die Bratpfanne der Feinde, interessiert Paulus nicht.

Ein Feind allerdings ist identifizierbar, und sein Name ist Tod. Aber es ist ein generischer Name, der sich auf einen Weg des Denkens bezieht. Von diesem Feind spricht Paulus sehr selten und im Hinblick auf die Zukunft: »Der letzte Feind, der vernichtet wird, ist der Tod.« (1. Kor. 15, 26) Die Gerechtigkeit, um die es sich bei der Hoffnung handelt, kann auch Tod des Todes genannt werden: es ist die unverzüglich unternommene Niederwerfung der subjektiven Figur des Todes. Sie ist mit der universalen Liebesbotschaft kopräsent und enthält keine Anweisung zur gerichtlichen

Teilung von Geretteten und Verdammten. Als Vertrauen auf die Treue des Kämpfers bestätigt die Hoffnung vielmehr, dass jeder Sieg in Wirklichkeit ein Sieg aller ist. Die Hoffnung ist die subjektive Modalität eines universalen Siegs: »Und alsdann wird das ganze Israel gerettet werden« (Röm. 11, 26).

So wie die Liebe die allen zugewandte allgemeine Macht der Selbstliebe als Konstruktion des lebendigen Denkens ist, so webt die Hoffnung, als die in jeder Prüfung, jedem Sieg präsente Universalität, an der Subjektivität des Heils, der Einheit von Denken und Macht. Jeder errungene Sieg, mag er noch so lokal sein, ist universal.

Die Feststellung, dass ich nur genau in dem Maß, wie es alle sind, gerechtfertigt bin, ist für Paulus kapital. Durchaus betrifft die Hoffnung mich. Aber das heißt, dass ich mich in meiner Singularität nur insofern als Subjekt der Heilsökonomie identifiziere, als diese Ökonomie universal ist.

Die Hoffnung verweist darauf, dass ich in der Liebe nur ausharren kann, weil diese Liebe die konkrete Universalität des Wahren einführt und weil diese Universalität mich unter sich subsumiert, sich zu mir zurückwendet. Dies ist der starke Sinn der Aussage: »Hätte ich die Liebe nicht, so wäre ich nichts.« (1. Kor. 13, 2) Für Paulus ist es die Universalität, die die Identität vermittelt. Das »Für alle« ist es, dessentwegen ich als einer zähle. Was bezeichnet und erprobt, dass ich – sobald ich der geduldige Arbeiter der Universalität des Wahren bin – am Heil teilhabe, heißt Hoffnung. So gesehen hat die Hoffnung mit der Zukunft nichts zu tun. Sie ist eine Figur des gegenwärtigen Subjekts, zu dem die Universalität, an der es arbeitet, zurückkehrt.

Theorem 8: Das Subjekt stützt sich, was den Imperativ zu seiner eigenen Fortsetzung angeht, darauf, dass das Stattfinden der Wahrheit, das es konstituiert, universal ist und es folglich wirklich betrifft. Singularität gibt es nur in dem Maß, wie es Universales gibt. Sonst gibt es außer der Wahrheit nur Partikulares.

Kapitel X

Die Universalität und die Durchquerung der Differenzen

Wenn die Hoffnung reine Geduld des Subjekts, Einbeziehung des Selbst in die Universalität der Adresse ist, dann folgt daraus keineswegs, dass man die Unterschiede ignorieren oder missachten dürfte. Es stimmt zwar, dass es im Hinblick auf das, was das Ereignis konstituiert, »weder Jude noch Grieche« gibt, aber *es gibt sehr wohl* Juden und Griechen. Wenn jede Wahrheitsprozedur die Differenzen außer Kraft setzt und eine rein generische Mannigfaltigkeit unendlich weit entfaltet, dann darf man deshalb noch lange nicht aus dem Auge verlieren, dass es in der Situation (nennen wir sie: die Welt) *Unterschiede gibt*. Man könnte sogar sagen, dass es nichts anderes gibt.

Die Ontologie, die der paulinischen Verkündigung zugrunde liegt, wertet das Nichtseiende gegen das Seiende auf; oder vielmehr zeigt sie, dass für das Subjekt einer Wahrheit das, was existiert, im Allgemeinen den etablierten Diskursen als nichtexistent gilt, während das Seiende, das diese Diskurse bestätigen, für das Subjekt nichtseiend ist. Allerdings ist dieses fiktive Seiende, sind diese Meinungen, diese Bräuche, diese Unterschiede eben das, dem die universale Adresse gilt, worauf die Liebe sich orientiert, und schließlich das, was durchquert werden muss, damit sich die Universalität selbst aufbaut oder damit sich die Generizität des Wahren *auf immanente Weise* entfaltet. Jedwede andere Haltung würde die Wahrheit nicht der Arbeit der Liebe (die Einheit von Denken und Macht ist), sondern der Geschlossenheit des vierten, illuministischen und mystischen Diskurses überantworten, dem Paulus, der den Weg des Evangeliums durch den gesamten Raum des Reichs organisieren will, das Ereignis zu monopolisieren und zu sterilisieren in keiner Weise gestattet.

Aus diesem Grund verbietet sich Paulus, der Apostel der Völker, nicht nur, die Differenzen und Gebräuche zu stigmatisieren, sondern versteht sich ihnen sogar derart anzupassen, dass der Prozess ihrer subjektiven Außerkraftsetzung sich durch sie hindurch und in ihnen abspielt. Es ist die Suche nach neuen Differenzen, nach neuen Partikularitäten, wo das Universale *exponiert* werden könnte, die Paulus über die eigentliche (die jüdische) Stätte des Ereignisses hinaustreibt und ihn veranlasst, die Erfahrung historisch, geographisch und ontologisch zu verschieben. Daher jene unverkennbar militante Tonart, die die Aneignung der Partikularitäten mit der Unwandelbarkeit der Prinzipien, die empirische Existenz von Differenzen mit ihrer essentiellen Nichtexistenz kombiniert, und zwar nicht in einer amorphen Synthese, sondern gemäß einer Abfolge zu lösender Probleme. Der folgende Text ist von großer Intensität:

> Denn wiewohl ich frei bin von jedermann, habe ich doch mich selbst jedermann zum Knechte gemacht, auf dass ich ihrer viele gewinne. Den Juden bin ich geworden wie ein Jude, auf dass ich die Juden gewinne. Denen, die unter dem Gesetz sind, bin ich geworden wie einer unter dem Gesetz – wiewohl ich selbst nicht unter dem Gesetz bin –, auf dass ich die, so unter dem Gesetz sind, gewinne. Denen, die ohne Gesetz sind, bin ich wie einer ohne Gesetz geworden – wiewohl ich doch nicht ohne Gesetz bin vor Gott, sondern bin in dem Gesetz Christi –, auf dass ich die, so ohne Gesetz sind, gewinne. Den Schwachen bin ich geworden ein Schwacher, auf dass ich die Schwachen gewinne. Ich bin allen alles geworden (1. Kor. 9, 19-22).

Keineswegs handelt es sich hier um einen opportunistischen Text, sondern um das, was die chinesischen Kommunisten die »Massenlinie« nennen werden, die bis zu dem Ausdruck »Dem Volke dienen« getrieben wird und in der Annahme besteht, dass das Denken der Leute ungeachtet ihrer Meinungen und Gebräuche und ungeachtet der Differenzen, mit deren Hilfe sie sich in der Welt zurechtfinden, imstande ist, sie zu durchqueren und zu transzendieren – wenn man ihnen die Arbeit einer ereignisbegründeten Wahrheit zugänglich macht.

Wenn sie ihnen zugänglich werden soll, dann heißt das jedoch, dass die Universalität nicht selbst die Züge einer Partikularität tragen darf. Die Differenzen lassen sich nur transzendieren, wenn das Wohlwollen gegenüber den Gebräuchen und Meinungen als *tolerante Indifferenz gegenüber den Differenzen* auftritt, eine Indifferenz, deren einziger materieller Beweis, wie Paulus zeigt, in ihrer Fähigkeit besteht, die Differenzen selbst zu praktizieren. Daher das bei Paulus bestehende Misstrauen gegenüber jeder Regel, jedem Ritus, die, indem sie sie ihrerseits zum Träger von Differenzen und Partikularitäten machen, die universalistische Militanz beeinträchtigen könnten.

Die Gläubigen der kleinen christlichen Kerngruppen fragen allerdings ständig an, wie man über die Kleidung der Frauen, über die sexuellen Beziehungen, über erlaubte oder verbotene Speisen, über den Kalender, über die Astrologie etc. urteilen solle. Denn es gehört zur Natur des durch Netze von Differenzen definierten Menschentiers, diese Art von Fragen zu stellen, ja sogar sie für die einzig wichtigen zu halten. Gegenüber dieser Flut von Problemen, die von dem, was für ihn das christliche Subjekt ausmacht, sehr weit entfernt sind, zeigt Paulus oft eine ungeduldige Schroffheit: »Ist aber jemand unter euch, der Lust hat, darüber zu zanken, der wisse, dass wir solchen Brauch nicht haben« (1. Kor. 11, 16). Das Schicksal der universalistischen Arbeit muss in jedem Fall dem Konflikt der Meinungen und dem Zusammenstoß der Gebräuche entzogen werden. Die Hauptmaxime ist die: »μὴ εἰς διακρίσεις διαλογισμῶν«, es soll nicht zu Auseinandersetzungen über Meinungen kommen (Röm. 14, 1).

Die Formulierung ist umso frappierender, als »διάκρισις« zunächst »Unterscheidung der Differenzen« bedeutet. Paulus hält sich an den Imperativ, die Wahrheitsprozedur nicht durch die Kleinlichkeiten der Meinungen und Differenzen zu kompromittieren. Gewiss kann eine Philosophie Meinungen diskutieren; für Sokrates ist es sogar das, was sie ausmacht. Aber das christliche Subjekt ist kein Philosoph, und der Glaube ist weder eine Meinung noch eine Kritik von Meinungen. Die christliche Militanz muss eine indifferente Durchquerung der mundanen Differenzen sein und jeder Kasuistik der Gebräuche aus dem Weg gehen.

Paulus, der es sichtbar eilig hat, auf die Auferstehung und ihre Konsequenzen zurückzukommen, der aber auch seine Genossen nicht vor den Kopf stoßen will, müht sich ab, zu erklären, dass das, was man isst, dass das Verhalten eines Knechts, dass die astrologischen Hypothesen und schließlich auch die Tatsache,

Jude, Grieche oder sonst etwas zu sein, dass das alles zugleich als dem Weg der Wahrheit äußerlich und als mit ihm vereinbar angesehen werden muss:

> Einer glaubt, er dürfe alles essen; wer aber schwach ist, der isset kein Fleisch. Wer isset, der verachte den nicht, der da nicht isset; und wer nicht isset, der richte den nicht, der da isset (...) Einer hält einen Tag höher als den anderen; der andere aber hält alle Tage gleich. Ein jeglicher sei in seiner Meinung gewiss (Röm. 14, 2-5).

Paulus geht sehr weit in dieser Richtung, und es ist seltsam, dass man ihm einen engstirnigen Moralismus unterstellen konnte, denn man sieht ihn, ganz im Gegenteil, sich ständig dem Druck widersetzen, der zugunsten der Verbote, der Riten, der Gebräuche und der Regeln ausgeübt wird. Er zögert nicht zu sagen, es sei »alles rein«, »πάντα καθαρά« (Röm. 14, 20). Und vor allem polemisiert er gegen das moralische Urteil, das in seinen Augen eine Flucht vor dem »Für alle« des Ereignisses darstellt: »Du aber, was richtest du deinen Bruder? Oder, du anderer, was verachtest du deinen Bruder? (...) Darum lasset uns nicht mehr einer den anderen richten« (Röm. 14, 10-13).

Schließlich spricht sich das erstaunliche Prinzip dieses »Moralisten« in dem Wort aus, dass alles erlaubt sei (»Πάντα ἔξεστιν«, 1. Kor. 10, 23). Ja, in der Ordnung der Partikularität ist alles erlaubt. Denn wenn die Differenzen der Werkstoff der Welt sind, dann nur, damit die Singularität des Wahrheitssubjekts, die selbst im Werden des Universalen eingeschlossen ist, in diesen Werkstoff ein Loch schlägt. Dazu ist es nicht nötig, über ihn zu urteilen oder ihn herabsetzen zu wollen, ganz im Gegenteil.

Dass die im Brauch wurzelnden oder partikularen Differenzen das sind, was man *bestehen lassen* soll, wenn man sie mit der universalen Adresse und den militanten Konsequenzen des Glaubens bekannt macht (was auch heißt, dass Sünde *nur* die Inkonsequenz gegenüber dem Glauben oder das ist, »was nicht aus dem Glauben geht« (Röm. 14, 23)), wird deutlich im Licht zweier Beispiele, die oft herhalten mussten, um Paulus eines moralisierenden Sektierertums oder noch Schlimmeren anzuklagen: der Frauen und der Juden.

Oft hat man gemeint, die paulinische Verkündigung stehe am Anfang des christlichen Antisemitismus. Wenn man jedoch nicht den von innen durch die Stützung einer singulären Häresie vollzogenen Bruch mit einer religiösen Orthodoxie für eine Form des Rassismus ansieht, was allerdings ein unannehmbarer retrospektiver Exzess wäre, muss man sagen, dass es in den Schriften des Paulus nichts gibt, was auch nur von fern irgendeiner antisemitischen Aussage ähnlich sähe.

Die Anklage des »Gottesmords«, die tatsächlich die Juden mit einer erdrückenden mythologischen Schuld belastet, ist aus zugleich anekdotischen und essentiellen Gründen bei Paulus vollkommen abwesend. Aus anekdotischen Gründen, weil der historische und etatistische Prozess der Hinrichtung Jesu und damit auch die Frage, wem die Verantwortung dafür zukommt, Paulus, für den einzig die Auferstehung zählt, aus den von uns genannten Motiven überhaupt nicht interessiert. Aus essentiellen Gründen, weil das paulinische Denken, das vor der Trinitäts-Theologie liegt, sich in keiner Weise auf das Thema einer substantiellen Identität des Christus mit Gott stützt und weil nichts in ihm mit dem Opfermotiv des gekreuzigten Gottes zu tun hat.

Es sind vielmehr die Evangelien, und besonders das des Johannes als das späteste, die der jüdischen Partikularität eine Sonderstellung geben und auf der Separation der Christen von ihr bestehen. Zweifellos wollte man sich damit, nach dem großen Krieg der Juden gegen die römische Okkupation, das Wohlwollen der kaiserlichen Behörden sichern, aber es bedeutet bereits eine Abweichung der christlichen Botschaft von ihrer universalen Bestimmung und eine Öffnung auf das differenzierende Regime der Ausnahmen und Ausschließungen.

Nichts davon bei Paulus. Sein Verhältnis zur jüdischen Partikularität ist wesentlich positiv. Im Bewusstsein dessen, dass der Ort des Auferstehungsereignisses genealogisch und ontologisch dem Erbe des biblischen Monotheismus angehört, gesteht er den Juden sogar, wenn er die Universalität der Adresse bezeichnet, eine Art Priorität zu, zum Beispiel: »Preis aber und Ehre und Friede allen denen, die da Gutes tun, vornehmlich den Juden und auch den Griechen.« (Röm. 2, 10)

»Vornehmlich den Juden«, »'Ἰουδαίῳ πρῶτον«: das ist es, was in der Bewegung, die für den Aufbau des Universalen *alle* Differenzen durchquert, den ersten Platz der jüdischen Differenz markiert. Darum hält Paulus es nicht nur für ausgemacht, dass er »Jude mit den Juden« sein muss, sondern er beruft sich auch mit allem Nachdruck auf sein Judentum, um zu zeigen, dass die Juden in der Universalität der Botschaft miteinbegriffen sind: »Hat denn Gott sein Volk verstoßen? Das sei ferne! Denn ich bin auch ein Israelit, von dem Geschlecht Abrahams, aus dem Stamme Benjamin. Gott hat sein Volk nicht verstoßen, welches er sich zuvor ersehen hat.« (Röm. 11, 1f.)

Allerdings bekämpft Paulus alle, die das ereignisbedingte Universale der jüdischen Partikularität unterordnen wollen. Er hofft, vor »den Ungläubigen in Judäa« errettet zu werden (Röm. 15, 31) – was das Mindeste ist für jemanden, der seinen Glauben nur dadurch definiert, dass die Niederlegung kommunitärer und hergebrachter Unterschiede durch die Rückbesinnung auf sich selbst geschieht. Aber nie geht es darum, die Juden als solche zu verurteilen, und das umso weniger, als Paulus anders als Johannes letztlich davon überzeugt ist, dass »das ganze Israel gerettet« wird (Röm. 11, 26).

Paulus ordnet den neuen Diskurs nämlich in einer beharrlichen und subtilen Strategie der Verschiebung des jüdischen. Wir haben schon darauf verwiesen, dass die Aussprüche Christi in seinen Texten ebenso abwesend wie die Referenzen aufs Alte Testament zahlreich sind. Es geht offensichtlich nicht darum, die jüdische Partikularität, die als das Prinzip der Historizität des Ereignisses anzuerkennen Paulus nicht müde wird, abzuschaffen, sondern sie von innen heraus mit all dem zu beleben, dessen sie im Hinblick auf den neuen Diskurs und mithin das neue Subjekt fähig ist. Für Paulus gilt, dass das Judesein im Allgemeinen und die Schrift im Besonderen *aufs neue subjektiviert werden können und müssen.*

Diese Operation stützt sich auf die Opposition der beiden Figuren Abraham und Moses. Moses, den Mann des Buchstabens und des Gesetzes, mag Paulus nicht besonders. Dagegen identifiziert er sich aus zwei sehr gewichtigen Gründen, die ein Passus aus dem Galaterbrief benennt (3, 6-9), gern mit Abraham:

So hat doch Abraham Gott geglaubt, und es ist ihm gerechnet zur Gerechtigkeit. Erkennet also: die des Glaubens sind, das sind Abrahams Kinder. Die Schrift aber hat es vorausgesehen, dass Gott die Heiden durch den Glauben gerecht macht. Darum verkündigte sie dem Abraham: In dir sollen alle Heiden gesegnet werden. So werden nun, die des Glaubens sind, gesegnet mit dem gläubigen Abraham.

Man sieht, dass Abraham für Paulus entscheidend ist, einmal weil er, noch vor dem Gesetz (das, wie Paulus sagt, »erst vierhundert Jahre später« für Moses aufgezeichnet wurde), allein wegen seines Glaubens von Gott erwählt wurde, sodann weil das Versprechen, das seine Erwählung begleitet, sich auf alle Völker und nicht nur auf die jüdische Nachkommenschaft bezieht. Abraham ist also eine Antizipation dessen, was man einen Universalismus jüdischer Provenienz nennen könnte, und damit auch eine Antizipation des Paulus.

Jude unter Juden, und stolz es zu sein, will Paulus nur daran erinnern, dass sich für den Besitzer Gottes zu halten, absurd ist und dass ein Ereignis, in dem es um den Triumph des Lebens über den Tod geht, ganz unabhängig von den jeweiligen kommunitären Formen das »Für alle« aktiviert, auf welches das Eine des echten Monotheismus sich stützt. Eine Erinnerung, in der ein weiteres Mal die Schrift in den Dienst der Subjektivierung tritt: »Das sind wir, die er berufen hat, nicht allein aus den Juden, sondern auch aus den Heiden. Wie er denn auch durch Hosea spricht: Ich will das mein Volk heißen, das nicht mein Volk war, und meine Liebste, die nicht die Liebste war.« (Röm. 9, 24f.)

Was die Frauen angeht, so wird die Behauptung, Paulus sei der Begründer einer christlichen Misogynie, durch ihre häufige Wiederholung nicht richtiger. Natürlich heißt das nicht, dass Paulus, der endlose Zänkereien über Gebräuche und Meinungen vermeiden will (damit würde die Transzendenz des Universalen in den kommunitären Spaltungen kompromittiert), über die Frauen Dinge sagt, die uns heute noch zusagen. Es ist aber letztlich absurd, ihn vor das Tribunal des zeitgenössischen Feminismus zu zitieren. Die einzige Frage von Gewicht besteht darin, ob Paulus, was den Status der Frauen angeht, gemessen an seiner Zeit eher progressiv oder reaktionär ist.

Ein entscheidender Punkt ist jedenfalls der, dass Paulus, im Licht der Grundaussage, die verlangt, dass es im Element des Glaubens »weder Mann noch Frau« gibt, durchaus wünscht, dass die Frauen an den Versammlungen der Gläubigen teilnehmen und das Ereignis bekennen können. Als visionärer Kämpfer, der er ist, hat er verstanden, welche Ressource an Energie und Expansivität eine solche egalitäre Teilnahme mobilisieren kann. Er hat überhaupt keine Lust, auf »Persis, meine Liebe, welche in dem Herrn viel gearbeitet hat« (Röm. 16, 12), an seiner Seite zu verzichten, oder auf Julia oder auf die Schwester des Nereus.

An dieser Stelle entsteht jedoch das Problem, diese Forderung je nach den Umständen mit der evidenten und massiven Ungleichheit, der die Frauen in der antiken Welt unterworfen sind, zu kombinieren, ohne dass die Diskussion über diesen Punkt die Universalisierungsbewegung beeinträchtigt.

Die Technik, die Paulus anwendet, könnte man eine *sekundäre Symmetrisierung* nennen. Zunächst einmal wird eingeräumt, was in dieser Zeit in Frage zu stellen niemand bereit ist, zum Beispiel, dass der Ehemann über seine Frau Autorität hat. Daher die Formel: »Die Frau ist ihres Leibes nicht mächtig, sondern der Mann.« (1. Kor. 7, 4) O Graus! Aber um implizit in Erinnerung zu rufen, dass es aufs universale Werden einer Wahrheit ankommt, wird die antiegalitäre Maxime in gewisser Weise durch die darauf folgende Erwähnung ihrer Umkehrbarkeit neutralisiert. Denn der Text fährt fort, und diese Fortsetzung darf *nicht* unterschlagen werden: »Desgleichen der Mann ist seines Leibes nicht mächtig, sondern die Frau.« (*ibid.*)

Was Paulus unternimmt und was letztlich als progressive Erfindung gewertet zu werden verdient, ist, *den universalisierenden Egalitarismus durch die Umkehrbarkeit einer antiegalitären Regel hindurchzuführen*. Das erlaubt ihm, den ausweglosen Kontroversen um die (von ihm zunächst akzeptierte) Regel aus dem Weg zu gehen und gleichzeitig die globale Situation so zu arrangieren, dass sich die Universalität auf die partikularisierenden Differenzen, hier die Differenz der Geschlechter, zurückwenden *kann*.

Daher jene Technik des Ausbalancierens, die alle Interventionen des Paulus, wenn von den Frauen die Rede ist, ohne Ausnahme bestimmt. Paulus beginnt offensichtlich mit der antiegalitären Regel: den Eheleuten ist geboten, »dass die Frau sich nicht scheide von dem Manne« (1. Kor. 7, 10). Dann jedoch folgt der Schritt: »...und dass der Mann die Frau nicht von sich schicke« (*ibid.*).

Nehmen wir eine Frage, die in ihrer islamischen Variante von einer gewissen Aktualität ist: müssen die Frauen, wenn sie in die Öffentlichkeit gehen, ihr Haar bedecken? Das ist es, was man offensichtlich in dem orientalischen Milieu, wo der Apostel seine militanten Gruppen gründen will, annimmt. Für Paulus ist wichtig, dass eine Frau »betet oder weissagt« (dass eine Frau »weissagen«, und das heißt für Paulus, ihren Glauben öffentlich bekennen kann, ist bemerkenswert). Er räumt also ein: »eine Frau, die da betet oder weissagt mit unbedecktem Haupt, die schändet ihr Haupt« (1. Kor. 11, 5). Die Begründung ist die, dass die langen Haare der Frauen auf eine Art natürlichen Charakter der Verschleierung hinweisen und dass es sinnvoll ist, diesen natürlichen Schleier durch ein künstliches Zeichen, das letztlich auf eine Annahme des Geschlechtsunterschieds verweist, zu verdoppeln. Die wirkliche Schande für eine Frau, sagt Paulus, ist, geschoren zu sein, und nur aus diesem Grund muss sie sich, wenn sie zum Bekenntnis aufgefordert wird, verschleiern, so dass deutlich wird, dass die Universalität dieses Bekenntnisses Frauen einschließt, *die ihr Frausein annehmen*. Es ist die Macht des Universalen über die Differenz als Differenz, von der hier die Rede ist.

Man wird einwenden, dieser Zwang betreffe einzig die Frauen und sei mithin eine flagrante Ungleichheit. Davon kann, aufgrund der sekundären Symmetrisierung, nicht die Rede sein. Denn Paulus sagt ausdrücklich: »Ein jeglicher Mann, der da betet und weissagt und hat etwas auf dem Haupt, der schändet sein Haupt«, und dass für einen Mann lange Haare zu haben ebenso schändlich sei wie für eine Frau kurze. Die Notwendigkeit, die Geschlechterdifferenz zu durchqueren und zu bezeugen, *damit* sie in der Universalität des Bekenntnisses indifferent wird, führt im kontingenten Element der Gebräuche zu symmetrischen Zwängen, nicht zu asymmetrischen.

Wohl erklärt Paulus, in Übereinstimmung mit einer damals allgemein verbreiteten hierarchischen Weltsicht, deren römische Version der Kaiserkult ist, »dass Christus ist eines jeglichen Mannes Haupt; der Mann aber ist des Weibes Haupt; Gott aber ist

Christi Haupt« (1. Kor. 11, 3). Die (noch im alten französischen Wort »chef« nachklingende) Zweideutigkeit des Wortes »κεφαλή« ist es, die ihm erlaubt, von dieser theologisch-kosmologischen Erörterung zur heiklen Frage des weiblichen Schleiers überzugehen. Wie zu erwarten, wird die *Genesis* zu Hilfe gerufen: »Denn der Mann ist nicht vom Weibe, sondern das Weib ist vom Manne.« (*ibid.*, 8) Die Sache scheint klar: Paulus liefert der Herabsetzung der Frau ein solides religiöses Fundament. Das aber keineswegs, denn drei Zeilen weiter führt ein energisches »Doch« (πλήν) die sekundäre Symmetrisierung ein, die durch die Erinnerung, dass jeder Mann von einer Frau geboren wird, diese ganze nichtegalitäre Konstruktion auf eine essentielle Gleichheit zurückführt: »Doch ist weder das Weib etwas ohne den Mann, noch der Mann etwas ohne das Weib, in dem Herrn; denn wie das Weib von dem Manne, so kommt auch der Mann durch das Weib.«

So bleibt Paulus seiner doppelten Überzeugung treu: ob wir uns durch ein öffentliches Bekenntnis subjektivieren (Glaube), ob wir uns durch eine Treue universalisieren (Liebe), und womit wir auch immer unsere subjektive Konsistenz in der Zeit identifizieren (Hoffnung), im Hinblick auf das, was uns geschehen ist, sind die Differenzen indifferent, weil die Universalität des Wahren sie außer Kraft setzt; andererseits aber muss die Universalität im Hinblick auf die Welt, in der die Wahrheit ihren Weg geht, sich allen Differenzen aussetzen und in der Probe ihrer Spaltung zeigen, dass sie die Wahrheit, die sie durchquert, empfangen können. Ob Mann oder Frau, Jude oder Grieche, Sklave oder Freier, worauf es ankommt, ist, dass die Differenzen *das Universale, das ihnen geschieht, wie eine Gnade tragen.* Und umgekehrt bewahrt das Universale selbst seine Realität nur, indem es in den Differenzen die Fähigkeit erkennt, zu tragen, was ihnen an Universalem geschieht: »Verhält sich's doch auch so mit den Dingen, die da tönen und doch nicht leben, es sei eine Pfeife oder eine Harfe: wenn sie nicht unterschiedliche Töne von sich geben, wie kann man erkennen, was da gepfiffen und geharfet wird?« (1. Kor. 14, 7)

Die Differenzen geben uns, nicht anders als die Klänge der Instrumente, die erkennbare Eindeutigkeit der Melodie des Wahren.

Kapitel XI

Zum Abschluss

Wir haben diesem Buch den Untertitel »Die Begründung des Universalismus« gegeben. Dieser Titel ist allerdings exzessiv. Der wahre Universalismus ist bereits ganz und gar in diesem oder jenem Theorem des Archimedes, in bestimmten politischen Praktiken der Griechen, in einer Tragödie des Sophokles oder in der Liebesintensität enthalten, von der die Gedichte der Sappho Zeugnis ablegen. Nicht weniger präsent ist er im *Hohen Lied* oder, in Nihilismus verkehrt, in den Klagen des *Ekklesiasten*.

Dennoch bedeutet Paulus in dieser Frage eine gewaltige Zäsur, die in der Lehre Jesu, soweit sie uns zugänglich ist, noch nicht erkennbar ist. Einzig diese Zäsur erklärt das ungeheure Echo der christlichen Gründung.

Die Schwierigkeit für uns ist die, dass diese Zäsur sich nicht auf den expliziten Inhalt der Lehre erstreckt. Letztlich ist die Auferstehung nichts als eine mythologische Behauptung. Der Satz »Die Folge der Primzahlen ist unbegrenzt« ist von unbezweifelbarer Universalität. Der Satz »Der Christus ist auferstanden« ist der Opposition von Universalem und Partikularem gleichsam entzogen, weil es sich um eine narrative Aussage handelt, von der wir nicht annehmen können, dass sie historisch ist.

Die paulinische Zäsur bezieht sich in Wirklichkeit auf die formalen Bedingungen und die unvermeidlichen Konsequenzen eines Wahrheitsbewusstseins, das in einem reinen Ereignis wurzelt, einem Ereignis, das zwar von jeder objektivistischen Bindung an die partikularen Gesetze einer Welt oder einer Gesellschaft losgelöst, aber dennoch konkret dafür prädestiniert ist, sich in eine Welt und in eine Gesellschaft einzuschreiben. Paulus' eigentümliches Verdienst besteht darin, gezeigt zu haben, dass es Treue zu solch einem Ereignis nur in der Aufkündigung der kommunitären Partikularismen und der Bestimmung eines Wahrheitssubjekts geben kann, das zwischen dem Einen und dem »Für alle« keinen Unterschied macht. Anders als die wirklichen Wahrheitsprozeduren (Wissenschaft, Kunst, Politik, Liebe) stützt sich die paulinische

Zäsur also nicht auf die Produktion eines Universalen. Sie bezieht sich – in einem mythologischen, unbarmherzig auf einen einzigen Punkt, auf eine einzige Aussage reduzierten Element (der Christus ist auferstanden) – auf die Gesetze der Universalität allgemein. Darum kann man sie eine *theoretische* Zäsur nennen, unter der Voraussetzung, dass »theoretisch« nicht in Opposition zu »praktisch« steht, sondern zu real. Paulus ist ein Gründer, insofern er einer der allerersten Theoretiker des Universalen ist.

Eine zweite Schwierigkeit besteht dann darin, dass man Paulus für einen Philosophen halten könnte. Ich selbst habe die Ansicht vertreten, dass das Eigentümliche der Philosophie nicht darin besteht, universale Wahrheiten hervorzubringen, sondern – durch Formung und Umformung der Kategorie der Wahrheit – deren synthetischen Empfang zu organisieren. Auguste Comte hat den Philosophen als »Fachmann für Allgemeinheiten« definiert. Könnte Paulus nicht ein Fachmann für allgemeine Kategorien eines jeden Universalismus sein?

Der Einwand trifft nicht: Paulus ist kein Philosoph, denn er bindet sein Denken nicht an konzeptuelle Allgemeinheiten, sondern an ein singuläres Ereignis. Dass dieses singuläre Ereignis der Ordnung der Fabel angehört, verbietet es Paulus, Künstler oder Gelehrter oder politischer Revolutionär zu sein, aber es verbietet ihm auch jeden Zugang zur philosophischen Subjektivität, die sich der konzeptuellen Begründung oder Selbstbegründung verschreibt oder sich den *realen* prozeduralen Bedingungen von Wahrheit unterstellt. Für Paulus entkräftet das Wahrheitsereignis die philosophische Wahrheit ebenso, wie für uns die fiktive Dimension dieses Ereignisses seine Prätention auf reale Wahrheit entkräftet.

Paulus ist also, muss man sagen, *ein antiphilosophischer Theoretiker der Universalität*. Dass das Ereignis (oder der reine Akt), auf das die Antiphilosophen sich berufen, fiktiv ist, ist kein Hindernis. Es ist genauso fiktiv bei Pascal (für ihn gilt das Gleiche wie für Paulus) oder bei Nietzsche (Nietzsches »große Politik« hat die Welt niemals in zwei Stücke gebrochen, sondern Nietzsche ist zerbrochen).

Paulus zeigt als genialer Antiphilosoph dem Philosophen, dass die Bedingungen des Universalen weder nach ihrem Ursprung noch nach ihrer Bestimmung konzeptuell sein können.

In Bezug auf den Ursprung ist gefordert, dass ein Ereignis, als eine Art Gnade, die zu jeder Partikularität überzählig ist, das ist, wovon man ausgeht, um die Differenzen außer Kraft zu setzen.

Was die Bestimmung angeht, so kann sie weder prädikativ noch rechtsförmig sein. Es gibt keine Instanz, vor der sich das Ergebnis einer Wahrheitsprozedur zu verantworten hätte. Eine Wahrheit gehört niemals der Kritik an. Sie stützt sich nur auf sich selbst und entspricht einem Subjekt neuen Typs, das weder transzendental noch substantiell ist, sondern sich ganz und gar durch den Kampf für die Wahrheit, um die es sich handelt, definiert.

Dies ist der Grund, und Paulus ist dafür ein exemplarischer Zeuge, warum der Universalismus, der eine absolute (nicht relative) subjektive Produktion ist, zwischen Sagen und Tun, zwischen Denken und Macht keinen Unterschied kennt. Das Denken ist nur dann universal, wenn es sich an alle anderen wendet, und in dieser Adresse verwirklicht es sich als Macht. Sobald aber alle, auch der vereinzelte Kämpfer, im Sinne des Universalen gezählt werden, muss daraus die Subsumierung des Anderen unter das Selbe entstehen. Paulus zeigt im Einzelnen, wie ein universales Denken ausgehend von der mundanen Vermehrung der Alteritäten (der Jude, der Grieche, die Frauen, die Männer, die Sklaven, die Freien etc.) Selbes und Gleiches *produziert* (es gibt weder Jude noch Grieche etc.). Die Produktion von Gleichheit, die gedankliche Außerkraftsetzung von Differenzen, sind die materiellen Zeichen des Universalen.

Gegen den Universalismus als Produktion des Selben hat man neuerdings eingewandt, er finde sein Emblem, wenn nicht gar seine Erfüllung, in den Lagern, wo jeder, weil bloß noch ein Körper am Rand des Todes, vollkommen gleich mit jedem anderen sei. Vor allem aus zwei Gründen ist dieses »Argument« Schwindel. Zunächst, weil die Lektüre von Primo Levi oder Schalamow zeigt, dass das Lager im Gegenteil in jedem Augenblick exorbitante Differenzen produziert, dass es noch das geringste Realitätsfragment als absolute Differenz zwischen Leben und Tod einsetzt und dass diese unablässige Differenzierung des Winzigen eine Folter ist. Der zweite Grund, der Paulus direkter betrifft, ist der, dass eine notwendige Bedingung des Denkens als Macht (welches, wir erinnern daran, Liebe ist) darin besteht, dass der, der für die Wahrheit kämpft, sich wie jeder andere ausgehend vom Universalen identifiziert. *Die Produktion des Selben ist selbst dem Gesetz des Selben immanent*. Die Produktion der Mordstätten in den Konzentrationslagern durch die Nazis gehorchte jedoch dem entgegengesetzten Prinzip: die massenhafte Schaffung jüdischer Leichen hatte den »Sinn«, die Existenz der überlegenen Rasse als absolute Differenz abzugrenzen. Die Adresse an den anderen als anderes Selbst (liebe den anderen wie dich selbst) war das, was die Nazis abschaffen wollten. Das »Wie dich selbst« des deutschen Ariers war genau das, was sich nirgendwohin projizieren ließ, eine geschlossene Substanz, immer bereit, ihre Schließung nach innen und nach außen durch Massenmord unter Beweis zu stellen.

Die Auflösung der Identität des universalisierenden Subjekts im Universalen, welche paulinische Maxime ist, macht das Selbe zu dem, was zu erobern ist, wenn nötig auch durch Veränderung unserer eigenen Alterität.

Diese subjektive Logik lässt das Subjekt gegenüber den weltlichen Benennungen, gegenüber dem, was die partikularen Teilmengen mit hierarchischen Prädikaten und Werten versieht, indifferent werden. Die Hoffnung ist größer als diese Benennungen. Der Brief an die Philipper (2, 9) spricht vom Christus als dem Namen, »der über alle Namen ist«. Immer sind es solche Namen, und nicht die geschlossenen der partikularen Sprachen und Entitäten, auf die das Subjekt einer Wahrheit Anspruch erhebt. Alle wahren Namen sind »über alle Namen«. Wie das mathematische Symbol lassen sie sich in allen Sprachen, gemäß allen Gebräuchen, und durch alle Differenzen hindurch deklinieren und bekennen.

Jeder Name, aus dem eine Wahrheit hervorgeht, ist ein Name, der älter ist als der Turm zu Babel. Aber er muss im Turm zirkulieren.

Paulus ist, wir haben es betont, kein Dialektiker. Das Universale ist nicht die Negation der Partikularität. Es ist das Durchmessen eines Abstands im Verhältnis zur Partikularität, die stets bleibt. Jede Partikularität ist eine Anpassung, ein Konformismus. Es geht darum, eine Nichtkonformität mit dem, was uns stets anpasst, aufrechtzuhalten. Das Denken wird von der Konformität auf eine Probe gestellt, aus der nur das Universale es befreit – in einer ununterbrochenen Arbeit, einem erfinderischen Durchgang durch diese Probe. Oder, wie Paulus großartig sagt: »Und stellet euch nicht dieser Welt gleich, sondern verändert euch durch Erneuerung eures Sinns [hier νοῦς und nicht πνεῦμα, weshalb man nicht mit ›Geist‹ übersetzen sollte]« (Röm. 12, 2).

Es geht überhaupt nicht darum, die Welt zu fliehen, man muss mit ihr leben – aber ohne sich formen, sich konformieren zu lassen. Das Subjekt ist es, das, viel mehr noch als die Welt, unter der Weisung seines Glaubens transformiert werden muss. Und der Schlüssel für diese Transformation, für diese »Erneuerung«, liegt im Denken.

Paulus sagt uns, dass es immer möglich ist, dass in der Welt ein nichtkonformes Denken denkt. Das ist es, was ein Subjekt ist. Aufs Subjekt, nicht auf die Konformität, stützt sich das Universale.

Universal ist nur, was sich in immanenter Ausnahme befindet.

Aber muss man warten, wenn alles von einem Ereignis abhängt? Gewiss nicht. Viele Ereignisse, selbst sehr weit entfernte, verlangen noch unsere Treue. Das Denken wartet nicht, und außer für den, der dem tiefen Wunsch nach Konformität, die der Weg des Todes ist, erlegen ist, hat sich seine Kraft niemals erschöpft.

Es nützt übrigens auch gar nichts, zu warten, denn es gehört zum Wesen des Ereignisses, dass es von keinem Zeichen angekündigt wird und uns mit seiner Gnade überrascht, wie wachsam wir auch immer sein mögen.

Im *Zarathustra* sagt Nietzsche, dass die größten Ereignisse uns in »den stillsten Stunden« überraschen, dass Gedanken, die »mit Taubenfüßen kommen«, die Welt lenken. In diesem Punkt wie in so vielen anderen hätte er seine Schuld gegenüber Paulus, den er mit seiner Verachtung straft, einbekennen müssen. »Der Tag des Herrn«, heißt es im Ersten Brief an die Thessalonicher (5, 2), »wird kommen wie ein Dieb in der Nacht«.